김인승 교수 정년퇴임 기념 문집

내게는 모두가 사랑이었다

김인숙 지음

내게는 모두가 사랑이었다

김인숙 교수 정년퇴임 기념문집

시와사람

기억하고 있어야 할 것들에 관한 진솔한 기록

-김인숙 교수님의 정년퇴임 문집에 붙여

정윤천(시인)

김인숙 교수의 글들은 굽고 휘어진 산길들을 닮았다. 거기 굽은 허리의 갈참나무 숲은 자리하고, 계절이 흘러가고 이름 모를 산새들의 울음소리가 사위를 채우며 있다. 누가 '길 위의 생'이라는 말을 처음 꺼내어 썼던가. 정년퇴임을 기념하는 문집의 원고를 받아들고, 그의 인생의 길 위에 수놓아진 무수한 세간의 살림이며 곡절을 대하는 시간 앞으로 잠시 머물러 보았다. 쉼 없이 길을 나서는 행자(行者)의 발목과 옷차림이 김인숙 교수의 무늬이자 인품이었음을 알 수 있었다.

사실 교수님과 나와의 인연은 그리 오래된 사이가 아니었다. 내가 몇몇의 지인들과 어울려 문학을 접하고 시를 논하는 강의실에 뒤늦게 찾아오신 분 중의 한 분이었다. 첫 만남의 자리에서 정년을 마치면 시 공부에 매진하여 보고 싶다는 담담한 소회를 밝혀 주었는데, 그 모습에서도 부단히 자신의 길을 걸어온 행자의 이미지와 굳건함이 서려 있었다.

남다른 가계의 내력과 뜻하지 않게 찾아온 생의 질곡 앞에서, 그가 선택한 극복의 방식은 항상 고독한 직립인의 '길 걷기' 의 철학이었음을 그의 내면은 전해주고 있었다.

종교적 감성들과 어울려 이타의 눈으로 세상을 바라보는 일단의 그의 문학작품들 속에도, 맑은 유리창의 시간들과 지성에 바탕을 둔 반짝이는 성찰의 순간들이 나타나며 있었는데, 이는 본인이 남은 생의 여정에서 새로운 길로 삼고자 하는 문학적 사유와 삶에게도 미리 근접되어 있음을 느끼게 하여준다.

33년의 지난했을 학문의 길과 교육의 여정들을 무사히 건너온 김인숙 교수님께 깊은 경의와 우의를 전하는 마음으로, 문집의 표제 시 한 편을 여기에 옮겨보기로 한다.

묵은 상자 같은
닫힌 창고 열어
지나온 시간들을 정리 하다가
유리창 너머 가로수 가지 위에
잠깐 눈길을 쉬어 본다

여기저기 묵은 자국들
멀리서 보면 멈추어 있었던 것 같았으나
가까이 서 보면 저마다의 흔들림이 있다

드러내지 못했던 가슴의 통증

혀끝에 전해 오는 불안감
가라앉지 않게 하기 위해
무수하게 헤엄쳐온 나의 강기슭들
메마른 가지 위에 걸려있다

창 너머로 빛이 켜지고
기적 같이 새하얀 눈이 내린다.

-「내게는 모두가 사랑이었다」 전문

지나온 생의 갈피들을 더듬다가 본다. "묵은 상자 같은/ 닫힌 창고 열어" 그가 거기에서 찾아내어 반추해 보는 것들은 무엇일까? "드러내지 못했던 가슴의 통증/ 혀끝에 전해 오는 불안감/ 가라앉지 않기 위해/ 무수하게 헤엄쳐온 나의 강기슭들/ 메마른 가지 위에 걸려 있"는 것들이었다. 그러나 김인숙 교수의 일생의 날들은, 좌절과 아픔의 폐허 위에서도 "기적 같이 새하얀 눈"을 찾아 나서는 숨 가쁜 행동과 실천이었다. 그는 그렇게 먼 길을 걸어와서 이제 비로소 나지막한 목소리로 자신의 마음을 전하고 있는 중이다.

"내게는 모두가 사랑이었다"는 사실을

차례

1부 구절초를 노래함

2부 사계절을 노래함

3부 사랑하는 나의 어머니께 아들의 노래

4부 마지막 수업 시간에

1부

구절초를
노래함

연꽃

물 탓하지 않는 너

물들지 않는 너

피울 수 있는 자리라면

둥근 우주의 얼굴

차례로 피워 낸다.

가야 할 길

스러지는 석양 너머
상처 난 기억들 내려놓고
돌아서는 순간

가늠할 수 없는 하나
분리되어 열린 문으로
뭉클거리는 안타까움 안고 돌아간다

고해의 강을
반야용선* 으로 도피안 나서면
그리운 무명 옷깃에 배어드는 바람소리.

*고해의 강을 배를 타고 건너는 것

내게는 모두가 사랑이었다

묵은 상자 같은
닫힌 창고 열어
지나온 시간들을 정리 하다가
유리창 너머 가로수 가지 위에
잠깐 눈길을 쉬어 본다

여기저기 묵은 자국들
멀리서 보면 멈추어 있었던 것 같았으나
가까이서 보면 저마다의 흔들림이 있다

드러내지 못했던 가슴의 통증
혀끝에 전해 오는 불안감
가라앉지 않기 위해
무수하게 헤엄쳐온 나의 강기슭들
메마른 가지 위에 걸려있다

창 너머로 빛이 켜지고
기적 같이 새하얀 눈이 내린다.

정년퇴직

코스모스 만발한 들녘에
구절초 한 송이 피운다

책 속에 입맞추고 온 33년
외길 위에
구절초 한 송이 피운다

더는 바랄 것도 기댈 것도 없이
내게로 사랑을 베풀어 준 이름들

오히려 내가 나를 보챘던 시간 속에
이해받지 못했던 나를
이제는 위로하여 주기로 하자

다시 또 어디선가 와 닿을 따스한 손내밈
떨리는 설레임으로 가만히 고개를
돌려 보기로 하자.

어머니

얼마나 많은 날

닿지 못하는 소원

고개 들어 하늘만 우러러

저리 하얗게 서 계시나

목련꽃 한 송이

한 분.

송하당*에서

온전한 푸르름
드높은 하늘 한 자락 불러다 놓고

창문 밖의 지나는 차 소리도
들리지 않게 하고

물오른 버들가지
보조개 소녀 앉혀주면

춘풍인 듯 다가와
입맞춤 하고 가는 휴식이 있다.

* 창문 앞 소나무가 있는 나의 집

나를 노래함

한낮의 뜨거운 햇볕
어디쯤에서 구절초 한 송이
내 가슴에 와서 핀다

주경야독의 허기진 배움들
빛의 불모지
33년 전문대학 교수로 살아온
길모퉁이 구절초 피어난다

절망과 열등감
고개 숙이던 낮은 목소리
상처 입은 꽃대들 끌어안고
세상 바꾸어보리라고
나를 보챘던 시간

멈춤 신호는 이제
왼쪽 가슴으로 울렸다.
너의 관점에서
나의 관점 돌아와
고개 한번 돌려 보는데
65년이 지났다

멈춰야 보이는 자연의 경이
눈 맞추어야 느껴지는 아픔
마음 주어야 들리는 소리
손을 맞잡아야 전해오는 체온

그곳에 피는 구절초 한 송이
이제야 만난다

잠시 나를 세운 신호등 앞에서
차창을 내리고 건너다 보는
새로움의 앞에서.

내게로 임하셨다

예수님 고상이 요란한 소리를 내며 바닥에 떨어졌다. 한 자리에 걸려 있던 십자가상. 언제 걸었는지, 기억도 가물가물 한데, 뒤판 십자 플라스틱은 깨지고, 금속으로 된 글자판도 깨지고, 못 박힌 몸뚱이만 남았다. 양 팔과 양 다리 못을 빼내고 드디어 알몸을 만났다.

지나간 세월의 오만가지 수심이 쌓여, 젖가슴에 병이 왔다. 어떻게 해야 하는지 아무도 가르쳐 주지 않아, 목련이 지고 난 자리 잎이 자라듯, 쌓일 대로 쌓여 더 이상 쌓을 데가 없는, 치장의 옷자락들이 바람에 펄럭인다.

영이 육을 입었을까 육이 영을 품었을까. 진짜와 가짜 사이에 무엇이 있었을까.

부서진 십자고상을 한참이나 내려다본다. 남아 있는 플라스틱도 벗기고 글자판도 떼 내고, 알몸 예수님을 두 손에 꽉 쥐어 본다. 이제서야 진짜 영을 만났다며 소리쳐 본다.

스승의 날

훈장 같은 훈장의 이름표 달고 살다가

새벽까지 아르바이트 하고 온

학생의 눈빛과 마주치던 순간엔

우주에서 떠돌고 있는 한 줌 먼지라도 앉은 듯

하얗게 비워지던 머릿속

어디론가 숨고 싶어지는 이때마다

파아란 하늘에서 나를 향해 내려오던

동아줄을 바라다 보곤 하였다.

어떤 은혜

오후 4시 수서발 SRT기차를 떠나보내고
밤 11시까지 기다려야 한다는 소리
저승사자의 음성처럼 들리던 날에
호주머니 속만 만지작거리던
무료한 대합실

수십 번이나 머리를 쥐어박으며
죄 없는 갱년기를 탓하여 본다

7시 40분 용산행 기차가 있다는
역무원의 안내를 받고
분당선 지하철에 오를 때
눈먼 걸인이 오줌을 질금거리며
더듬더듬 내미는 플라스틱 바구니에
동전 하나를 넣다가
내 영혼의 외로움과 잠시 마주쳤다

한쪽 팔을 매달고 서 있는데
할머니 한 분이 다가왔다
장사를 하면서 어려운 일이 있을 때마다
72권의 성서를 필사했다며
사는 게 힘들고 어려울 때마다

주의 기도를 해야 한다고 낮은 목소리로 들려 준다

팔순의 그 할머니는 지하철을 타고
서울 시내를 돌아다니는 것이 꿈이었는데
그 꿈이 이루어져
지하철 택배 일을 하게 된 것이
하느님의 은총이라고 미소 짓는다

역에서 내려 인사를 나누고 돌아 서다가
차라도 한잔 대접하고 싶어져서
둘러보아도 그새 할머니는 자취를 감추어 버렸다
실수가 오히려 복이 되었다
팔순의 택배 할머니는
성령의 현신이라도 되는 듯
홀연히 내 곁을 다녀가셨다
알 수 없는 어떤 기운이 힘센 손으로
내 등을 밀어 주셨다.

빛나는 힘이 가득히 고여 왔다.

아들 요한의 생일

한 해의 끝 종소리 울리는 날 목마른 기다림 끝에 바다 깊숙한 곳에서 신바람이 불어 왔다 온 세상이 태초의 빛으로 휩싸였던 날 새벽을 깨우며 아름다운 영으로 다가왔던 너 어린 시절 비 오는 날 아침이면 하늘이 울고 있다고 슬퍼하던 너

어려운 사람 감싸 안고 고통을 계단 삼아 5개국 언어 숙련에 최선을 다해온 너 열정과 수수함으로 피어난 향기 아지랑이 되어 머나먼 이국땅에서 피어오르는 너 있는 곳에 기쁨의 등불 달아놓고 따스한 두 손 내미는

마법의 질량 지어내어 유다이모니아* 이루는 너

네가 태어난 이 날을

너와 함께 사랑하고 싶어라…

* 아리스토텔레스의 말로 '최선을 다한 행복'이라는 뜻.

아들의 입대 날

불혹의 나이에 수줍게 다가와
가슴 속에 피어난 천상의 향기

너의 목소리로
나의 하루가 열리고 닫히곤 했다

군에 가면 밥 주고 옷 즈고
사람 되게 한다고 너스레를 떠는 너

떠날 때 머리 빡빡 밀고
웃으며 떠나갔구나

보내는 날 저만치 떨어져서 들었던
메마른 가지 위의 은종 소리

귓볼을 부여잡고
한참 동안 평안을 바라는 기도를 올렸다.

크신 사랑

너무 애쓰지 마라
내가 다 알고 있다
용서받지 않아도
내가 너를 그 보다 더 사랑 한다.

감사송

영혼을 다해 노래 부른다.
고통 뒤에 오는 미라클의 힘

영혼이 감사를 먹는 순간
우주도 움직인다.

입으로 증거하지 않았다면
알아차리지 못한 온갖 일들이 일어나 돕는다.

하늘이 그린 종달새의 노래가 되어
꿈도 꾸지 못한 일들을 하느님이 이루신다.,

노래

물이 고여서 흘러가지 않는 연 방죽
소나기라도 내리면 진주알 같이 뽀글대던 물방울
나는 왠지 못 본 척 하고 싶었어요

망해버린 제재소집 막내딸
주정꾼 아버지 싫어
박사공부 포기하고 시집갔다는 그 말
나는 왠지 못 들은 척 하고 싶었어요

시집간 지 삼일 만에
바닥 청소 하느라고
공부는 선반에 올려놓게 되었다는 말
나는 왠지 모르는 척 하고 싶었어요.

여동생 1

재목간 집 다섯째 꽃송이
마른 풀잎 흔들며 누워 있다

지켜내지 못한 사랑
가슴 시린 고통
아픔보다 그래서 그러는 거라고
눈물 기둥은 하늘에 가 닿는다

치미는 속울음 견디며
억장 무너져 너리던 자리
빤히 쳐다보던 눈망울 속에
새 한 마리 날아 올라 어디론가 떠난다

별처럼 뿌려진
수학천재 여동생
아이 셋 두고 서른 일곱에 죽는 것은 두렵지 않은데
뇌수술이 더 무섭다며 고갤 떨구었지

천주교 묘역 병풍바위 너머 억새풀 밭 가에서
열 한 개 촛불을 켜는 떨리는 손목으로
다시 또 너의 이름을 아프게 되내어 본다.

여동생 2

무엇이 그리 급해
아이 셋 뒤에 두고
먼길 떠나 갔느냐
이모 가슴에 얼굴 묻고
엄마 숨소리 들려주라며 떼쓰던
세 살배기 아들 대학생이 되었단다

왜 그래?
마지막 너의 물음
오늘도 가슴속에 살아 있구나
늘 해맑게 눈웃음 보이며
언니 하며 부르던 다정한 손짓은
보이지 않는구나

죽어도 못 맞겠다는
빨간색 항암주사 맞고
민둥머리 되어서야 처다본
나의 무정한 마음
흔들리는 가로수 잎에
봄비가 내리고 있다.

어머니

찔레꽃 닮은 열여덟
무지개꿈 허리에 두르고
재목간 집 총각에게
구루마 타고 시집 와서
시간의 태엽 감기 시작하였다

아들 하나 딸 하나를
먼저 떠나보내고
내리 딸만 다섯을 낳고서야
천금을 받고도 바꿀 수 없는
아들을 낳았다

콘크리트 집짓기 시작할 때
나무집만 고집하던
재목간 집 목수 남편은
세상과 벽을 쌓기 시작하였다

자식들 배불리기 위해
남의 손에 넘어간 재목간에서
반딧불로 세월 건넌 이
간난 간난 불 밝히고 온
어머니의 세월.

아버지에게

재목간 집 큰 목수
못 만드는 것 없었던 천의 손
어려서 신동소리 한 몸에 받았지만
배다른 형들과 어린 동생들 보살피러
게다공장 취직해서
사돈네 팔촌까지 나누어 먹이고
지나가는 까치에게도 술잔을 권했다는
당신의 실록은
어린 우리들에겐 감동의 전설 이었다

이태리식 양식에 시멘트 집 나오기 시작할 때도
시멘트는 사람 죽이는 물건이라고
나무집만 고집하다가
당신의 재목간 집 시대는 막을 내렸다

클레멘타인이 18번이었던가요
장가들어 처음 얻었던 큰 딸 영숙이
어린 날 뇌염으로 가슴에 묻고
그때부터 시작되었던
"나의 사랑 클레멘타인"의 역사

기일 맞아 올리는 기도

언제나 우리와 함께 하셔서
어려움에도 굴하지 않는 용기를 주시라고
미처 다하지 못한 말
당신께 전합니다
클레멘타인, 나의 아버지.

기도

평화로운 영혼으로
우리와 함께 하셔서
용기와 힘을 주시고
어려움에 굴하지 않는 지혜를
깨닫게 하여 주소서

아버지 미안합니다
아버지 용서하소서
아버지 사랑합니다

아버지 고맙습니다
당신의 사랑을 다음 세대에까지
전하게 하소서

아침 산책

밤새 잠 못 이루며
뒤척이며 보던 해설 성경
두 눈 가득 차오르던 뜨거운 눈물

가슴 밭에 피어나던
행하지 못한 사랑

살아온 날보다 짧아진
살아갈 날들
어쩔거나, 망각의 강을 지나온
기억의 파편 하나

까아악 까아악
제 이름을 부르듯이 들려오는
새들의 울음소리

두팔을 벌리고
하늘을 우러르면

아직도 다 갚지 못한
구름 같은 죄가 남아 있었다.

수원 까리따스 수녀원에서

살며시 고개 내민 쑥부쟁이
자주꽃을 달고
이른 아침 보석점을 차렸다
귀뚜라미 손님이 들었나
발자국 하나 그 잎새 아래 남기면
살아감은 이렇게 여기 와서 잠시
쉬어 가는 것이다
의탁하는 것이다
아침 해의 온기에 취하여
어리수굿한 산기슭
숨소리에 젖다가
시인이 되기 위하여 시를 쓰고 있는
한 친구를 위하여
지금은 조용히 두 손을
가슴 위로 모아 내맡김 한다.

숲 속 날아다니는 쐐기풀
비명소리 발목 찌르고
스스로 위로하며
시인되라 날아오른다.

병실의 밤

사방 회색의 방
가득한 안개

드러내지 못하는
가슴의 통증

병실 뜨락에 고이는
빗물

손끝에 묻어나는
간절한 바램.

겨울비

수줍은 몸짓
두드리는
처량한 신호

잘못 산 것
같아도
함부로 죽지 말라고

사막의 낙타처럼
가는 거라고
소리없이 내리는
겨울비.

눈 내리는 밤

다 잊었는데도 간간히 들려오는
은방울 소리.

쌀

제 몸 깎아
흰빛으로 거듭나
솥 안의 축제를 위해
칙칙폭폭 떠난다

오목한 수저에 떠안겨
솜이불 같은 따수움도 되고
가난한 집 저녁 뜰 앞에 피는
자잘한 꽃잎도 되어.

그림자

넘어져서 무릎을 깨고
바라보니

늘 앞에 나서
더 알아주기를
바라는 마음으로

외면하고 살아 왔구나
침묵 속에 지내며 있었구나

눈물처럼 가라앉고 있었구나
내가 있어 빛이 있음을 알았는데도.

석 양

초저녁별
걸터앉아 있다.

빛 잃어 가는 어린 새 날개 짓
하루 받아 건다.

거리 어둠 삼키며
도시의 향기 피우고

하늘로만 치솟던
고개 숙이며

온몸에 불그스레 물드는 빛깔
마음속 풀어내며 고개 넘어간다.

짝사랑

가슴 한복판에
물레방아 돌고
긴 여울이 흐른다

바람결 속에서
오돌토돌 오르던 생채기

나무 잎새 마냥
팔랑 거렸다.

침묵

그는 바라봄
마지막까지의 인식

그는 기다림
용서 받으며 용서하기 위하여

그는 설레임
기다림에 물이 들어 꽃 필 때 까지

그는 환희
어두움 헤치고 오는 빛과 함께

그는 하나 됨
영과 육이 만나지는 영원의 찰나.

노랑나비

장맛비 그치고
파아란 하늘
어디선가 가져온 이슬 머금고
실눈을 뜨고 나는
나비

노랗게 부끄러움 드러나는
천도복숭아에게로
친구 되기 위하여 날아가는
나비.

일본 채송화

동그란 해를 얹어
꽃봉오리 틔웠다

바람 맞고 온
숙희 언니

멋 부리고 나온 종아리도
슬쩍 곁눈질 하듯

피었다가 오므라드는 일은
일상의 기류

고양이 새끼 한 마리도
돌아가는 해질녘

하필이면 너는 일본 채송화라고
불리는데

채송화야
채송화야

우리나라 사람들에게

채송화는 그냥 채송화는

숙희 언니 마냥
곱닷한 슬픔이었는데.

꽃샘추위

가고 옴은
하나의 결과인데

알 수 없는 그리움으로
아지랑이가 피어오르고 있다

온다는 일의
새로움 때문인지

보내는 것들의 뒷모습에게로 미안하다며
온몸을 세차게 흔들고 있다

하늘에서 땅 끝까지
머리 끝에서 발 끝까지.

귀뚜라미

허공에 집을 짓고
풀숲에 다리 걸치고
가을을 깨우는 악사가 있다

늘 같은 몸짓으로
찌르르 찌르르
저만의 사랑 노래를 읊는다

어디론가 돌아가야 하는
미끄럼틀을 타고 내리며
사람들도 제 안에
한 마리 씩의
귀뚜라미를 기른다.

세월

멀고도 가까운
평행선을 따라
달린다

목적지는 다르지만
모두
한결같이
달린다

잡으려 손을 벌리면
늘 손바닥에 죽어 있는
시간의 위로

세월이라는 이름의 열차는
오렌지 빛 등불을 매달고
달린다

오늘

슬플 것도 아플 것도 없을 때도
힘들고 괴로울 때도

찔레꽃이 피는
이유와 같지

이해받지 못하는 내 속의
상처 속에서도
아무도 모르는 진주가 자라지.

부추

무덕진 감정
시나브로 자라고

버리고 버려도
기지개 켜며

멈춤 모르는 일상
위로 더 위로 향하여

꿈꾸는 몸짓
푸른 알몸의 깃발을 펄럭인다.

보광사

장대비 속에도 울리는
보광사 종소리

뒤이어 따라오는
스님의 목탁소리

단청은 세월 보듬어
그 빛이 바래었는데

속인의 발걸음은 더뎌
보광에 이르는 길은 멀다.

소쇄원

조연으로 살다
사라진 이들의 이야기를
댓가지에 맺힌 댓잎들이 수런거린다

돌다리를 건너는 물소리

속삭이는 햇빛 아래
오백년 세월은 무심의 경지인데

애양단 너머의 계곡 건널 때
다리 하나는 세상에 걸쳐 있고
다른 하나 하늘에 닿았다

아픈 상처 싸매라고 살구나무는
심었는지

오가는 발길들 하얗게 씻어
대봉대 위에 걸쳐 놓았네.

숨바꼭질

누구 숨겨 준 적 있니
누구 뒤에 숨어 본 적 있니
누구 찾아 본 적 있니

누구 위해 숨어본 적 있니
누구 위해 숨겨준 적 있니
누구 위해 찾아준 적 있니

누구 때문에 사라져 본적 있니
누구 때문에 사라지게 한 적 있니
누구 때문에 살았던 적 있니.

기쁨으로

사랑한 적 있었어
사랑 받아 본 적도 있었어

평화로운 적 있었어
기뻐 뛰논 적 있었어

너에게로 그렇게
들려주고 싶은 날 있었어.

무의 일생

시장 모퉁이 허리 굽은 할머니
억센 손에 이끌려 내동댕이쳐져
벌써 세 번째 들었다 놓아 졌다
빛깔 좋고 싱싱한 것들은 먼저 팔리고
떨이 신세가 된 나는
이제 이렇게 끝나는 줄 알았다

가슴팍 두 쪽으로 쪼개져
소금에 절여지고
내 속의 진물을 다 흘려보내고
마음까지 연해지고 후줄근해져
힘없는 고개 처박는다

한나절을 지나고 문득 곁을 보니
온몸 썩어 문드러진 젓갈과
온통 난도질당한 양념들이
상처로 멍든 몸짓 서로 엉크러져
사랑을 하는 일에게 늦은 때는 없다고
온 몸 열어서 맞이하는 중이다

물안개

등 굽은 허리 쪼그리고 앉아
열무 다듬으며 피우던 물안개

너무 빨리 떠난 아들 기억 너머로
밭고랑에서 피워 올리는 물안개

기다림 속으로 비를 뿌려와
무심한 고요 흘리는 물안개

잡힐 듯 잡히지 않는
그리움으로 절뚝거렸던 물안개

물안개
물안개
당신의 일생.

고추잠자리

무더위에 태어난 몸이어서
너는 동작이 붉다

가을의 이마 위를 날아간다
가만히 들여다보면 휘둥그레 눈 맞추다가
날개에게로 악수 청하던
자유의 저쪽으로 비행하여 사라진다

머물러 있는 것은
계절이 아니라며

창공에 가을 불러놓고
맴도는 날개 짓
보내야 하는 것을 붙잡는 것은
부질없는 욕심이라고
산들바람 속으로 코스모스를 데려오는
고추잠자리의 매운 마음을 본다.

담쟁이

작은 몸짓을 불려 더 큰 세상을 이루는
담쟁이는 마치 식물 개미 군단과 같다
예상치 못한 시련에도 지지 않는 발을 내밀어
은산 절벽을 타고 오른다

아픔도 원망도
바람 속에 날려 버리고
분주한 초록빛 함성

나태한 죄를 성토하듯
담쟁이는 오늘도 내일을 향해 나아간다.

노끈으로 묶은 시계

야자수 밑동에 흰 노끈으로 묶어 놓은 궤종 시계 하나는
정원을 한 바퀴 돌고 와도 여전히 8시 15분이다

노을은 어느새 어둠을 불러와 하늘에는 검은 구름들 뚫고
나온 별빛들이 저마다의 사연처럼 반짝여 준다

서귀포 백사장 위로 파도는 밀려오고 흐트러져 남겨진
발자국들

4·3기념관 앞뜰 조각상에는 엄마 품에 안긴 두 살배기 아기
지금도 빨갱이가 무언지 모르고 멈춰있는 시계를 빼꼼히
내다본다.

갈매기들은 손짓하며 지난날 묻어 버리고 날아보라고 한다.
어찌 잊겠느냐고 멈춰진 시계는 여전히 시간보다 깊은
어떤 의미를 가리키고 있었다.

쇠소깍 파도

무엇에 그리 화가 났을까
고층 빌딩만큼이나 높이 솟아올라
가슴속 응어리 토해내고
포말로 사라지는
쇠소깍의 파도

제주 앞바다에는
얼마나 무서운 일이 지나갔는지
울음 우는지

그리 아팠던 기억도
불같은 분노도
솟아올랐다 부서져
지우며 묻히는 사연처럼

생각해보면
사실은
쇠소깍의 파도는
파도는
안으로 숨겨 놓았던
4월의 입맞춤.

반딧불이

아픈 후회처럼
못다 한 사랑처럼

세상 소란함 속
떠오르는 빛 여울.

요나의 신학대학 입학을 축하하며

하느님께서 구원하셔서
아카시아 향기로 피어나는 요나
하늘 땅 기운 머금어 영혼이 아름다운
언제나 자랑스러운 요나

하느님의 사람으로
사는 곳에 기쁨의 등불 밝히려는 요나
사랑 한다는 것은 마음을 나누어 준다는 것

누구라도 받아주는 힘을 기르려고 떠나는 요나에게
용기를 주시길
자신의 존재를 먼저 세우고
이웃을 돌아보는 지혜의 눈을 주시길
요나의 새로운 생활에
푸른 잎이 돋아서 무성하기를 비옵니다.

* 요나는 신학생의 길을 걷고 있는 학생이다.

조카의 결혼을 축하하며

들꽃 향기 차오르는 가을
하늘 땅 기운도 하나 되는 날

두 손 맞잡고
아침 햇살 같은 사랑 감싸 안아
온 세상 퍼져나가길

기쁜 등 달아놓고
서로의 손수건 되어주고

너를 안다는 것은
나의 마음을 열어주는 일
영혼을 함께 하는 일

방안에는 풍금소리 울리길

무한한 사랑의 무지개 피어 오르길
눈앞의 현실에만 급급하지 말고
봄에 심어서 가을에 거두는
참다운 마음의 농사를 짓는 농부가 되어 주시길.

뫔詩* 1

유방암이 뭐야
도둑이야 손님이야
알 수 없는 두려움

찬찬이 내려다보는
내 가슴
봉긋한 매만짐 뒤에서
잊고 살았던 시간의
아픈 설레임.

* 몸과 마음을 뜻하는 의미로 "뫔" 이라는 단어를 만들어 보았다.

몸詩 2

불현 듯 찾아온 너
아닐 거야 왜 내가
그냥 열심히 살았는데
누구에게 무슨 잘못을 했나

돌아보니 내게로 오는 은총을 그냥 흘러 보냈구나
구하고 받아들이지 못하고
내 고집대로만
감사히 받지 못하였구나

열심히 나누는 것
게으름에 빠지지 않고
즐길 때 즐기고
나아갈 때 나아가는 것

사랑한다고 용기 있게 표현하는 것
아픈 몸이 이제와서
내게로 은총을 전하고 있다.

몸詩 3

첫 번째 항암
40도 넘나들던 몸
머리카락 우수수
가뭄에 논바닥처럼 갈라지는 혀
숨결소리만 은총을
입고 있었다.

뫔詩 4

두 번째 항암

한번은 해 보았으니
알만도 하련만

돈대보이 음률 흥얼거리다가
눈물이 고인다

어디에 이 답답함
내려 놓으랴

어디서 이 외로움
풀어놓으랴

어디에서 이 아픔을
위로 받으랴.

침대 머리맡
성모상에서 피눈물이 흐른다.

몸詩 5

참고 참아 온 핏빛 속울음 토해내며
어둠에 서있어도 절망은 되지 않아
그리운 사람들 곁으로 가슴을 전한다
우주와 하나 되는 해질녘
내안에 등불을 켜고 다가올 계절을 꺼내어 본다

밤새 혈관으로 내리는 주사액의 느낌
봄이 오는 가로수의 가지처럼 받아들자
허공엔 듯 피는 구름꽃의 나이
늦은 미소를 배우기로 한다
머언 여행 돌아온 몸이 지금 쉬고 있는 중이다.

2부

사계절을
노래함

설중매

허리에 오랜 아픔 살포시 얹어놓고
온 생애 불살라서 치열한 아름다움
꽃잎새 한가운데로 터져 나온 연민아

봄 나들이

첼로 나직한 음 가슴 결 울리던 날
세월 플랫트 홈 봄 향기 피워내고
아련한 천상 노래 새 되어 오른다.

개나리

스쳐간 바람결에 지나간 인연에도
정성을 다 바쳐서 노오란 말 한마디
가슴속 그리움 되어 봄꽃으로 피운다.

동백섬

가슴에 오랜 친구 살포시 얹어놓고
온 생애 붉은 연정 에둘러 피워놓아
각시 손 저녁노을도 뒤엉키며 들뜬다.

영도다리

맞잡은 마음안고 어깨에 기대서면
무심코 지나쳐간 한 세월 아픈 상흔
아련히 다독거리는 따스한 생명다리

자갈치 시장

비린내 추근대면 떠들썩 웃음소리
여인네 치마 자락 살며시 매만지며
선창가 애닮은 가락 외로움을 붙든다.

김치

뻣뻣한 잎사귀로 무언가 설치던 때
세상이 나로 인해 변할 줄 알았는데
소금에 숨이 죽어야 맛난 김치 되었다.

아침햇살

소나무 잎새 사이 빼꼼이 고개 내민
지난날 아픈 상처 용서로 감싸 안고
생명 빛 외치는 소리 번져가는 새소리.

복수초

구노*의 슬픈 추억 만년설 황금의 꽃
애절한 목소리로 내 마음 봐 주세요
물 없는 식물의 정조 가녀리게 피운다.

* 여신 구노를 토룡 신에게 시집 보내려하자 화가 난 아버지가 한포기 풀로 만들었다는 전설

사려니 숲길

그만 뚝 또닥이며 간신히 달래놓고
들어선 안개숲 길 잎새 틈 터진 하늘
고개든 눈동자 위에 흘러내린 빗방울

산수국 개모시풀 가만히 매만지고
하늘로 손 내미니 울창한 삼나무숲
잎사귀 끝자리에서 터져 나온 하늘 빛

은근히 우거진 숲 빗소리 그쳤는데
오므린 손목 위로 애잔한 물큼함이
한 세월 지나고서야 바람으로 흐른다.

입춘

대길이 아재의 별명은
입춘이었다

나무들이 잎 피울 준비를 하는 동안
어른들도 농사를 치룰
들판 끝으로 나가 본다

지나간 북서풍을 견디느라
겨울의 지붕들이 낡아 있었다

간이역 플렛폼에서 샛문을 열고 나온
누이들을 싣고 기차가 떠나갔다

아무리 말려도 사르르 녹아 있는
얼음을 밟으며
마당을 뛰어가는 강아지 발목에는
희미한 풀내음이 돋아나고 있었다.

우수

그립다는 말
그립다는 말
그립다는 말이 이 절기의 트레이드마크 같았다

동백꽃 붉은 입술에 고운 숨결이 얹혀 있다
개나리 노오란 윗옷에
엊저녁 빗방울이 맺혀있다

기다리는 사람은 오지 않았다고
목련은 고개 숙이고 입속의 말을 내민다

연분홍 기다림 꽃
진달래 향기에는
그 옛날 내가 적어 보낸 연심도 붙어있다

우수, 다녀간 뒤에 소녀(小女)들은 키가 커진다.

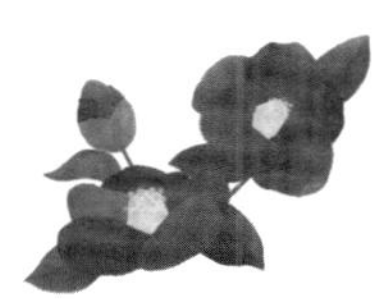

경칩

감출 게 많은 사연이 있었는지
땅속에 들어가서 오죽하면
개구리잠이라는 말을 들어야 했던
잠꾸러기 개구리들이 꿈틀거린다

저들을 깨우는 것은
따뜻한 온기
평화로운 바람만이었을까

수줍음 많아
지난 가을 공원에서 마주친 개구리 아가씨에게
이름도 한 번 못 물어보고
문자 하나도 전하지 못한
그리움 병을 앓았다는 거였다

새로운 햇살에 용기를 얻은 개구리가
그녀에게 불러 줄 노래를 연습하기 시작한다
개구리 아가씨를 찾아 나서야 할
네 다리 허벅지에 힘을 불린다.

춘분

산행 끝의 모롱이 돌아서다가 아직도 못 털어 낸 가슴 속 바람소리 아린 추억들

태양도 적도를 지나 북쪽을 향해가며 낮과 밤이 같은 날을 골라 고백을 연습한다

마을 앞 기와집 방앗간 집 딸 춘분이가 자꾸만 떠올려진다.

청명

새싹들이 움을 내어 웃음을 보인다
얼어있던 바람의 목덜미에 먼 강물이 도착하고
돌산의 부지깽이도 꽃을 피우는
인화의 날
하늘도 효심을 비추어 초록 길을 밝히면
조상 묘에 잔디 손질하는 손등 위로
가만히 소리 없는 봄비를 글썽여 주었다

버리지 못하였던 불만들을 놓아주면
들판의 아지랑이가 잊혀진 그리움을 깨운다.

곡우

봄비가 추근거리면
여인네 치맛자락도
살랑거린다

청명과 입하 속으로 그리던 꽃잎
벙글어져 오리라

다향만리
차밭들에서는
작설차 만드는 때
산 까치 새침한 입술들이
찻잔 안에 떠오르면
이미 와 있던 이야기
다시 또 떠나가야 할 이야기보따리가
빗소리에 젖었다.

입하

지나가는 나그네 이런가
누군가 문 앞에서
자꾸만 문 열어 달라고 한다

처음엔 경계하였는데
가만히 보니
두 손 위에
꽂가지가 들려있다

소녀도 여인네 되어
살짜기 헤퍼 보이는 웃음기를 띄운다.

소만

청보리가 익었다
삐비꽃이 피었다

모내기 논물 풍경이
평화보다 더 큰 평화 시대 이어서
이때는 사람들끼리도
함부로 다투지 않았다

김씨네 논
다음 차례는
박씨네

맨 끝에 오씨네는
내년에는 자기네 논이
첫 번째 차례라고 떠든다

쉬는 시간 끝낸
들판이
일제히 어영차 허리를 편다.

망종

망종 보기*라는 말이 있었다
인간 세상의 길흉이 하늘의 이치와 닿아있다는 의식
사람들은 다만 자신의 농사가 잘 되도록
바지런히 노력하였다
조상의 음덕이 또한
저 들에는 는개**처럼 깔려있었다

힘이 들 때는 누구나가 하늘을 잠시
우러러 본다.

* 망종이 드는 시기에 따라 그해 농사의 풍흉을 점치던 풍속
** 안개보다 조금 굵고 이슬비보다 조금 더 가는 비

하지

사슴뿔 같이 꼿꼿해진 볕살
태양을 머리 위에 띄워놓고
길 떠나는 어른들이 있었다
그 옛날
독립군 우리 할아버지들도 그리 하였으리

뜨겁게 손길 맞잡고 안으로 자신을 품는
끼무릇꽃 *

* 다년생 초본. 6, 7월경 피고 꽃은 대가 없이 꽃밥 만으로 이루어진다.

소서

태풍이 짓밟고 간 들녘에
안간힘으로 다시 서는 몸부림들이 있다

장마철 이기고 나와 맺히는 나물들만이
식탁 위에 오르면
제 맛과 향기를 낸다.

대서

가을이 오기 전에 예식을 치루고 나오는
뇌성벽력의 뒤풀이가 있다
온 산야를 불 질렀던 화염 속
정글에서도
콩 꼬투리 안의 우주적인 알맹이들은
탱글탱글 자라있었다

가을 비 우산 속으로
기다리던 님도 오시려나.

입추

단 한 번 만나려는 하늘 속 다리 놓아
송곳도 낄 틈 없는 까마득한 칠월칠석
밤기운 가슴에 안아 채비하는 맹추월*

* 음력 7월의 또 다른 말로 초가을 이라는 뜻이다.

처서

건들팔월
여름 기운 한 풀 꺾여서
나비들도 꽃잎 되어 어디론가 날아간다

새 애인 생겨났는지
귀뚜라미 노래 소리엔 생기가 돌고
코스모스는 역으로 드는 기차의 창가에
손수건을 꺼내어 흔들어 준다

찬바람 깊어지기 전에
선비들은 포쇄*하고
백성들은 산소의 풀을 깎는다
무명옷 시절에 쓰인 옛 시조 한 소절
처서의 달빛 아래 풀벌레들이 읊는다.

* 선비들이 눅눅해진 책을 햇볕에 말리는 행위

백로

스물넷 형제 중에 중간쯤 태어나서
매와 새 날려놓고 모기 입은 비틀어서
처서형 추분 아우들 애써 불러 보았다

산기슭 억새꽃 바람 쓰담쓰담 쓰담던
하루가 저물면
이웃고 지붕 위로는 붉은 별이 올랐다

먹거리 그윽해진 추석명절이 찾아오고
초후에 기러기 높은 하늘로 귀향길에 올랐다

말후엔
보름달 쟁반 둥그렇게 찾아왔다.

추분

치우침 없어지는 낮과 밤
중간선에 앉아서
헤아림을 키워보자
아픈 후회도
뜨거웠던 사랑도 모두 다 내게서 나온
인연들이 아니겠나

한로의 삭풍 틈으로 가야 할 내일이 비쳐들면
아버지의 햇쌀캅 앞으로
형제들아
우리들도 서로에게 따뜻한 마음이 되어보자.

한로

이슬의 입술이 시퍼렇다
절기의 이름 때문인지

아버지가 새참에 마시던 막걸리 잔 속에도
잔 서리가 끼었는지

그 모습 지켜보던 복슬이가
목덜미를 부르르 떤다

박 넝쿨 걷힌 지붕 위에
길 떠나는 새들이 무언가를 한참이나
돌아보다가 간다.

상강

간첩도 자수하면 내 동포 내 형제
마을 입구엔 시멘트 탑이 서 있었고
붉고 검은 고딕체가
어린 눈에 무서웠다

탑신에 서리가 내렸다
서리가 마을을 덮으면
마을이 한결 고요해졌다

어젯밤엔
새마을 점방집에서 부부 싸움이 터졌다

남자 편과 여자 편으로
말들이 갈렸다

누군가 그랬다
간첩도 자수하면 내 형제라는데
이제 그만 하라고
부부 싸움은 칼로 물을 베는 거라고

오전이 다 지나고
오후가 되어서야
점방 유리창에 붙은 서리가 녹기 시작하였다.

입동

생각이 깊은 것들부터
몸을 숨긴다

내일을 기약하기 위해서이다.

소설

첫눈이 내리면
리어카 아저씨도
소방관도
간호사도
은행원도
정치가도
사상범도
환호부터 보낸다

하늘이 아직 그장 나지 않았음을
함께 기뻐한다

손돌풍* 전설도 하얗게 내리는 첫눈을 맞이한다.

* 강화도 회군 당시 손돌 장군이 풍랑 속으로 노를 저었다 하여 인조가 참형에 처했는데, 억울하게 죽은 장군을 위한 제사를 지내주니 바람이 멎었다는 전설.

대설

이름처럼 큰 눈이 쌓이면
주의보가 내린다

한계령에 갇힌 어느 여류 시인이
헬리콥터가 오지 않기를 바란다는
시를 읽었던 저녁에는
창밖의 나뭇잎들도 더 이상 흔들리지 않는다

큰마음은 대심
큰 눈은 대설

살면서 한 번쯤은 큰 눈 속에 큰마음 되어
폭설 속에 까마득이 묻혀 버려도
고마워 할 일이다

입이며 손발까지도 꽁꽁 얼어붙어도
되는 일이다.

동지

겨울밤에 울어본 일이 있었네
속 깊이 부끄러워 얼른 그쳐지지 않았던 사연도 있었네
그런 밤을 우리들은 기나긴 밤이라 불러 주었네
살다보니 이렇게도 가장 긴 밤이었네
마음 놓고 울어 주기에 갖춘한 밤이었다네

신령들도 얼른 잠들지 않아
팥죽을 지어 올렸네

가장 긴 밤이었다네
울면서 참회하고 기도하기에
동지선달 기나긴 밤은
알고 보면 저마다의 희망의 오르막길로 나서려는
나그네들의 밤이었다네.

소한

연탄재 깔린 살얼음 길에
지나간 애환이 스며있다
이제서야 알아챈 너의 상처를
꽁꽁 얼어붙었던 가슴 속에서
쓸쓸하게 소환해 본다

편지를 쓰는 저녁이 온다
철부지 나를 원망해도 좋다고
너의 생각을 이렇게
늦어서야 알게 되었다고

지난 봄
지난 여름
지난 가을에게로

어깨 기대고 앉아
가만히 쓴다

구구절절 깨알 같이
내 마음을 옮긴다.

대한

지나간 한 해가
산마루를 넘어가고 있다

방에 콩을 뿌려 귀신을 쫓았던
풍습이 아직 남아 있었다

애써 보았지만 못다 지운 상흔들은
큰 바람 속으로 저물려 떠나보내자

방문 밖을 맴도는 겨울 햇살이
너와 나의 발등을 적셔주는구나

서로의 창문들과 희망에게
입김을 보태어 어려 주자

물결을 헤치고
더 큰 바람 속을 지나서
새날이 온다
새날이 밝아 온다.

3부

사랑하는 나의 어머니께 아들의 노래

자랑스럽고 사랑하는 내 어머니 김인숙 교수님의 정년을 진심으로 축하드리며, 아들 영훈이가 초등학교 시절에 써 두었던 몇 편의 글을 기념문집에 넣으려고 합니다.
즐겁게 받아주시길 바랍니다.

- 어머니에게 아들 정영훈(요한) 드림.

기쁜 이별

낙엽이 떨어진다
낙엽과 나무의 마지막 이별
"이 세상 아름답게 살았노라"
나무는 낙엽을 기쁘게 떠나 보낸다.

사람이 죽는다.
사람과 세상의 이별
"나 아직 더 살아야 되는데"
사람은 그렇게 생각하기도 하지만
세상은 사람들과 기쁘게 이별하기 위하여
울음을 참는다.

피겨 스케이팅

가장 차가운 얼음판 위에서
가장 뜨거운 경쟁이
펼쳐진다

자신의 마음이
고스란히 담겨있는
땀 한 방울까지
노력으로 승화시키며.

그것

멀게만 보였던 사랑도
가까이서 바라다보니
어느새 코앞인데

긴 하루가 지나서야
내 손에 닿는
묘사할 수 없는

느끼고 있으나
느끼지 못하는

말하고 싶으나
말할 수 없는

그것은 무엇?

박스 할머니

반으로 굽어진
허리 이끌고
리어카를 끌며
오늘도
할머니는 박스를 모은다

바쁜 상가 골목에서
곱지 않은 시선들 속에서도
할머니는 꿋꿋하게 박스를 모은다

도와주는 사람 하나 없이
서로 무심히 지나치는데도
오늘도
할머니는 박스를 모은다.

비야

비야
아무 때나 오지 말고
배고픈 꽃이 부르면
그때 와 줘

비야
아무 때나 울지 말고
구름이 울라고 그러면
그때 울어 줘.

노무현 대통령님

노란 풍선 떠다니는 달밤
당신은 어디로 가셨습니까.

민들레가 휘날리는 달밤
우리는 죽었습니다.

당신의 생각이
현실이 되는 그날까지
기다리고, 또 기다렸건만
매정하게도 당신은 혼자서
한 줌 어둠으로 사라졌습니다

당신이 뿌리려고 한 것
비록 뿌려지지는 못 했지만
애석한 사랑 뒤로 하고서
오늘 당신을 보냅니다.

오천만의 눈물방울이 모여
바다가 되는 날
우리는 다시 만날 수 있겠지요.

하루에도 수십번 작별을 고하지만

당신은 영원히 우리들을 떠나가지
않을 것입니다.

일곱 번째 경기

공이 빠져 나간
투수의 손에는
작은 떨림이 있을 뿐

방망이 꽉 쥐고
자신도 모르게 허리를 돌리는
타자의 손에도
작은 떨림이 있을 뿐

이윽고
두 떨림의
진한 입맞춤

그 순간
스쳐 지나가던
과거들

그 다음엔
침묵이 있었다

순간의 침묵 뒤에
환호성이 터졌다

12년간의 침묵이
만들어낸 환호성

마침내
경기장을 넘어
비둘기처럼 날아 올랐다

선수들의 눈에서
눈물이 흘러내렸다

3만의 관중들도
함께 울었다

승리의 순간이었다.

첫 눈

내릴 때마다
전해 오는
설레임

예전이나
지금이나

내 마음이
가장
닮고 싶어하는.

새 아침

눈을 뜨면
프린터와 모니터 사이로
무지개가 들어온다

"야, 일어나"
새소리 같은 엄마의 목소리

"1분만……"
창틈 사이로
바닷빛 건물들이
날 비춘다.

김수환 추기경

행복하게 살아가는 법을
당신은 알고 있나요

저는 모르겠습니다

만물을 사랑하는 법을
당신은 알고 있나요

저는 모르겠습니다

아름답게 이별하는 법을
당신은 알고 있나요

저는 모르겠습니다

나는 바보야
하는 당신을

저는 정말 모르겠습니다.

마이너리티로 살아가는 것

만인은 법 앞에 평등하다. 하지만 사회에서 인간은 절대 평등하지 않다. 이것은 저의 어머니께서 저에게 늘 하시던 말씀이었습니다. 어린 시절에 공부를 소홀히 할 때마다 어머니는 저에게 이 말씀을 하시며 학습을 독려했습니다. 저는 이 말을 들을 때마다 항상 인간은 왜 불평등할까, 모두가 사이좋게 지내는 세상은 왜 없을까 라는 의문점을 가졌습니다.

대학에 진학할 때까지 이 격언은 저의 생각의 저편에 항상 자리잡고 있었습니다.

한국에서 고등학교를 마친 후, 일본 동경에 있는 조오치대학에서 사회학을 전공했습니다. 사회에 대하여 본격적으로 공부하기 시작했습니다.

일본에 살면서 가장 뼈저리게 느꼈던 것은 마이너리티로 살아가는 것의 고뇌였습니다. 몸 뉘일 방 한 칸 구하는 것부터, 핸드폰 계약하는 것까지 외국인 신분으로 계약하기에는 많은 제약이 있었습니다. 한국에서 한국인으로 살던 저에게는 많이 낯선 상황이었습니다. 당시 악화일로 상황이었던 한일 관계도 영향을 미쳤습니다. 그것을 통해 다른 국가와 타민족에 대한 일본인들의 내셔널리즘의 저변을 확인할 수 있었습니다. 2013년 4월 21일 도쿄 코리안 타운 신오오쿠보에서는 대규모 반한 시위가 있었습니다.

그 시위는 재특회(재일 특권을 허용하지 않는 시민의 모임)에서 주최한 것으로, 당시 있었던 반한 시위 중에서도 가장 큰 규모였습니다. 당시 사회 현상에 관심이 많던 저는 몇 명의 일본인 동기들과 함께 그 시위 현장에 갔습니다. 반한 시위를 직접 목도한 것은 처음이었습니다. 일본에 가기 전부터 매스컴에서 반한 시위에 관한 보도를 들은 뒤여서 그 자체가 낯설지는 않았습니다. 점심 즈음 어디선가 대형 스피커를 단 승합차를 필두로 욱일승천기와 독도 그림이 그려진 피켓을 들고 행진하고 있는 사람들이 시야에 들어왔습니다. 그들은 조센징은 일본에서 나가라, 다케시마를 돌려내라 등 인종 차별적인 발언도 서슴치 않았습니다.

이러한 시위는 20세기에는 별로 일어나지 않다가, 글로벌화가 깊게 진행된 2013년에 일어난 일이기 때문에 상당히 의미가 있다고 생각했습니다. 저는 이러한 헤이트 스피치(일본에서는 이러한 인종 차별적인 데모를 헤이트 스피치라고 부름)에 관심을 갖게 되었습니다. 2014년에는 긴자에서 열린 반한 시위에 시민 단체 측의 요청으로 피켓을 들고 참여했습니다. 거리를 걸으며 시민들에게 우익화의 위험을 호소하기도 했습니다. 저는 이 활동을 하면서 일본인들의 사고와 고정관념 등 일본 및 내셔널리즘에 대한 심도 깊은 이해를 할 수 있게 되었다는 점이 개인적으로는 많이 뜻 깊었습니다. 이러한 경험들을 바탕으로 저는 사회 계층이나 사회 갈등에 대하여 좀 더 공부하고 싶다는 생각을 하게 되었습니다. 3학년에 진학한 후로는 사회 계층학 세미나에 들어가 사회 계층과 사회 갈등에 대하여 공부했습니다. 많은 현장 학습과 관련 논문을 작성했습니다.

2016년 2월 군 입대를 위해 귀국하였습니다. 2016년 10월, 제가 의무 경찰 순경으로 자원입대했습니다. 훈련소에서 훈련을 받고 있던 중에 '최순실 태블릿PC'가 세상에 공개되었습니다. 그것은 많은 시민들의 분노를 샀고, 그들이 광화문까지 나와 촛불을 들게 했습니다. 의무 경찰 신분으로 광화문에 나간 저는 난생 처음 100만 명이라는 인파에 놀라움을 금치 못했습니다. 그 자체만으로도 너무나 경이로웠고 한국 민주주의의 힘을 느낄 수 있었습니다. 하지만 저에게 더 의미 깊었던 것은 촛불 집회와 함께 대한문에서 열린 보수 집회(박사모)를 직접 본 것이었습니다.

같은 한국인임에도 불구하고 다른 정치적인 견해, 세대 차이 등의 이유로 너무나 극단적인 대립을 이루고 있었습니다. 그리고 보수 집회에 참가한 분들은 대개 빨갱이, 애국, 호국 등의 구호를 사용했습니다. 이것은 제가 일본 도쿄의 혐한 시위에서 보았던 그것들과 차이가 없었습니다.

양극화, 저출산 등은 이미 한국에서도 흔한 말이 되어 버렸지만 그것이 가져올 많은 영향, 특히 양극화로 인한 계급 간 갈등과 저출산으로 빚어지는 노동 인구 감소, 그로 인해 외국인 노동자의 유입, 반이민 정서의 심화 등 이러한 것들에 대해서 다시 한번 생각해 보게 되었습니다. 이것을 계기로 저는 대학원에서 사회의 갈등이나 분쟁의 해결에 관한 학문을 더 연구해 보고 싶다는 생각을 하게 되었습니다. 대학원을 졸업하고 정부 기관이나 국제기관에 취업하여 조금 더 상생하는 사회를 지향하며 사업을 진행하고, 시민단체를 지원하여 거시적인 관점에서 사회에 공헌하고 싶습니다. 저의 이러한 꿈이 앞으로 한국 사회가 짊어질 과제들과도 직결될 것이라고 생각합니다. 한국은 이미 저출산이 고착화되어 가고 있습니다. 2018년 6월 30일 인구통계를 보면 전체 인구의 7%가 65세 이상인 고령사회에 진입하였고 2026년 초고령 사회로 전체 인구의 21%가 65세 이상이 되어 15세부터 64세 까지의 유소년 노동 인구는 점차 줄어들어 앞으로 30~40년 후에는 인구 감소가 있을 것으로 예측되는데, 그렇게 되면 외국인 노동력의 유입이 불가피합니다. 외국인 노동자의 처우 문제는 이미 근 10년 간 꾸준히 문제가 제기되어 왔지만 아직까지도 근본적인 해결은 되지 못하고 있습니다. 최근 예멘 난민 문제에서도 보았듯이, 국적이 다른 민족을 우리가 어떻게 받아들여야 하는지에 관해서는 여전히 갑론을박하고 있습니다. 북한과 통일을 한다고 가정하면 상황은 더 심각해집니다. 물론 남과 북은 한민족이고 동포이지만, '이미 70여 년의 세월 동안 다른 사상과 다른 가치관에서 살아왔습니다. 색깔이 다른 사람들이 갑작스럽게 한 사회의 구성원으로 사이좋게 살아갈 수 있을까'를 생각해 봤을 때 어려움이 많은 건 사실입니다. 이러한 시대적 과제 앞에서 앞으로 많은 사회적 과제를 해결해 나가려면 이런 분야에 대한 연구는 필연적입니다. 제가 2015년 8월 독일 프라이부르크 대학으로 연수를 갔을 때도 이에 관한 많은 연구를 접할 수 있었습니다. 독일의 경우 당시 세계 경제 3위의 대국이었음에도 불구하고 20년 동안 약 2,800조 원이라는 통일 비용의 지출로 그동안 경제에 많은 타격이 있었습니다. 그리고 구 동독 지역과 서독 지역의 소득 격차, 차별 등의 사회 문제도 여전히 남아 있었습니다. 이러한 독일의 예시는 한국에게도 많은 것을 시사한다고 저는 생각합니다. 더욱이 우리나라는 독일보다 분단의 시기도 길고 경제력 차이도 큰 만큼 많은 연구가 필요합니다. 저의 이런 연구적 포부가 실현되어 미래의 한국 사회의 과제 해결에 큰 공헌을 하고 싶습니다.

첫째로 지혜와 열정으로 탁월한 성취 부분에서 저는 한국에서 자란 한국인으로서 군대에 있을 때까지 총 4개 국어에서 탁월한 성취를 남겼습니다. 일본어는 가장 높은 등수인 1급 180점을 취득했습니다. 중국어도 마찬가지로 군 복무 기간 중인 2017년 5월 가장 높은 등급인 6급에서 243점이라는 상위 15%에 들어가는 성적을 거두었습니다.

저는 이것에 관하여 제가 항상 끊임없이 공부하려고 하는 열정이 군대에 들어가서도 자격증을 취득하는 것에 영향을 미쳤다고 생각합니다.

두번째로 창의적 사고인데, 저는 항상 남이 가는 길보다는 남이 가지 않는 길을 갈려고 노력해 왔습니다. 예를 들면 일본이라는 나라로 유학을 오고, 국제 관계 세미나에 참석하는 등 이러한 적극적인 태도를 통하여 저만의 길을 개척하려고 노력했습니다. 이것이 대한민국의 발전에 있어서 큰 가치를 창출할 수 있다고 믿고 있습니다. 마지막으로 공동체 의식에서는, 저는 항상 사회 갈등 문제의 해결을 목표로 하고 그것을 저의 연구의 최우선 가치로 삼고 있습니다. 사회 갈등 해결에 대한 갈증은 공동체 의식의 산물이라고 생각합니다. 공동체 의식이란 '나'와 '너'가 '우리'가 되기 위해 상호 보완적으로 나아가는 것입니다. 서로 자기만의 이익을 탐한다면 그것은 공동체 정신이라고 볼 수 없습니다. 사회 구성원 간 갈등은 대개 이러한 집단 이기주의에서 생겨납니다. 만약 서로가 양보하고 배려하며 살아간다면 그 누구도 상대방과 갈등을 만들기를 원하지 않을 것입니다. 저의 공부의 궁극적인 목표는 이러한 공동체 정신의 대중화입니다. 그것은 제가 2015년 2학기의 세미나 수업에서 '요시노 사쿠조의 민본주의 철학'을 중심으로 쓴 논문에서도 중점적으로 다루고 있습니다. 그는 민본주의 철학을 주장하며, 당시의 일본 식민지 지배하에 있었던 한국민의 민족적 자존심과 고유성을 존중하면서 일본 사회로의 '동화'가 아닌 자치를 중심으로 한 정책으로 바뀌어야 한다며 당시 일본 제국주의적 정책을 비판했습니다. 물론 그의 이러한 주장은 한국은 일본의 식민지이어야 한다는 전제하에 나온 것이지만, 그의 그러한 이론적 배경과는 별개로 그의 민본주의 철학이 예멘 난민 문제나 외국인 노동자 문제들을 안고 있는 현대 한국 사회의 이민 정책에 있어 많은 점을 시사한다고 생각합니다. '만인은 법 앞에 평등하다. 그러나 사회에서 인간은 결코 평등하지 않다.' 저의 학창 시절을 되돌아보며 이 격언을 떠올리면, 이제까지는 이 격언의 후자에 초점을 맞춰 남들보다 앞서 나가려고 노력했다면, 지금부터는 모든 사회 구성원이 차별 없이 동등하게 살 수 있는 사회에 기여하기 위하여 전자에 초점을 맞춰 나가고 싶습니다.

4부

마지막 수업 시간에

마지막수업

33년을 지켜왔던 교단에서의 마지막 수업이 끝이 났다. 학생들과 준비한 떡 파티를 하고 나오는데, 늘 모범생의 모습을 보여주었던 미정이라는 학생이 까르페디엠이라고 쓰여진 볼펜을 선물하며 미소를 지어준다. "교수님 그동안 감사했습니다" 돌아서면서 나 역시 학생들에게 감사한 마음이 북받쳐 올랐다.

33살 되던 해에 목포과학대학의 시간강사로 시작된 나의 교직이 전임 교수가 되고 정년보장 교수가 되는 동안 우연찮게도 33년의 세월이 흘러갔다. 2021년 2월에 드디어 정년을 맞이하게 되었다. 그러고 보니 33이라는 숫자가 내게는 의미있게 다가오는 것 같다.

20대에 직장생활에 발을 들여 놓으면서 광주세무서의 공무원이 되어 첫 출근을 시작하였다. 그로부터 나는 13년의 주경야독하면서 33살에 이르러서야 대학 교수의 길에 들어섰다.

그동안 나의 노력으로 다섯째 여동생까지 고등학교를 졸업시키고, 스물여섯의 만학도로 대학 공부를 시작 하였다.

어려움 속에서 나를 지탱해준 힘의 원천은 내게는 항상 하느님이셨다. 87년 2월 먼 조상이기도 한 김대건 신부님의 치아가 보존되어 있는 서울 절두산 성당의 비오 신부님 기념미사에 참석한 적이 있었다. 왠지 가슴에 뜨거운 바람이 불어

와 3시간을 넘도록 통곡하며 회개하였다. 그때 "말로써 사람을 살리라" 하는 말씀이 내 마음에 비수처럼 꽂혔다. 어떻게 말로서 사람을 살리라는 것인지 알아들을 수 없었으나, 등 쪽에서부터 걱정과 근심이 떨어져 나가는 평화를 경험하였다.

나는 살고 있는 것이 아니라 살려져 있었구나 하는 마음이 찾아왔다. 신앙생활 동안 스승처럼 따랐던 살레시오 수도회 세실리아 수녀님에게서. "어머니. 인숙이의 영혼이 이 어린이 같이 되어 어머니께 달아들면서 어느 날 내 영혼이 주를 찬송하며 나를 구하신 하느님께 내 마음 기뻐뛰노나니 당신 종의 비천함을 돌보셨음을 노래하게 하소서"와 같은 내용의 엽서가 도착했던 날이 있었다.

그때 나는 주변을 정리하고 나서 수녀원에 가야겠다는 마음을 먹게 되어서 어머니께 말씀드렸다. 제재소를 운영하던 부자집 큰딸에서 하루아침에 들이닥친 가난을 이겨내고. 셋째 여동생까지 결혼시키고, 막내 여동생을 대학에 입학시키고 난 뒤에 일어난 생각이었다. 이제 내가 없어도 식구들이 밥은 굶지 않을 것 같은 생각이 들었다.

삼십이 넘은 나이에 어린 지원자들과 함께 수녀원 수련기를 보내야 하는 두려움이 밀려온 것도 사실이었다. 하지만 그 해의 4월 초순에 입회 승인을 받고 나자 3월부터 나는 기도를 올리며 성모님께 매달렸다.

"말로써 사람을 살리라"는 말씀을 받아들이게 해달라고 매일 15단씩 묵주 기도를 올리던 중이었다.

어느 날 아침에 광주세무서에 근무하시다가 호남대학으로

옮겨가신 김동석 교수에게서 전화가 왔다. 목포전문대학에서 시간강사를 추천해 달라고 한다는 내용이었다. 대학원 논문을 어느 쪽으로 썼는지 물어오셨다.

나는 대학원의 논문 내용으로 마케팅에서의 소비자 심리학을 연구하였다. 마케팅 전공이라고 대답하자 잘 되었다며 오늘 당장 학교에 가보라고 하였다. 확실하지는 않지만 일단 가서 면접을 보라고 하였다.

나는 가벼운 마음으로 한 번도 가보지 않은 목포행 버스에 올라탔다. 대학은 점심시간 이어서 나는 한쪽에서 묵주기도를 하면서 관계자를 기다리고 있었다. 어떤 분이 나를 불러서 이력서와 경력증명서를 보자고 하였다. 지금은 작고하신 이담주 학장님이셨다. 서류와 나를 한참 살펴보시더니 "오늘 저녁 강의부터 할 수 있느냐"고 짤막하게 물었다. 그러고 보니 대학은 이미 학기가 시작되었다.

갑자기 귀에서 종소리가 울리는 것 같았다. 어쩌면 나의 운명은 수녀가 되는 길 보다 교직에 들어 "말로써 사람을 살리라"는 운명을 가진 게 아닐까 라는 깨달음이 밀려왔다. "맡겨주시면 성실하게 해 보겠습니다"라는 대답이 내 입에서 모르는 사이에 튀어 나왔다. 그렇게 나는 경영학과 야간 2학년 교실에서 원가회계에 대한 첫 강의를 시작하게 되었다. 전혀 새로운 세계에 대한 도전이 이루어지는 순간이었다.

오래 전에 상업학교에서의 교생실습 시간 말고는 누구 앞에서 가르치는 일을 해본 기억이 없었다. 밖으로 나와 우선 서점으로 갔다. 강의시간까지는 아직 3시간 정도 남아있었다. 한때 세무서를 다녔지만 총무과에서 경리업무를 맡았기에 전문적인 세무 업무에는 서투른 편이었다. 그런데도 이상하게 하나도 걱정되지 않았다.

이해인 수녀님의 "우리가 서로 사랑한다는 말은" 이라는 시집이 눈에 뜨여서 그 시집을 사들고 와 교정의 본관 앞에 있는 등나무 그늘 밑에 앉았다.

"사랑한다는 말은 가시덤불속에 핀 하얀 찔레꽃의 한숨 같은 것/ 내가 당신을 사랑한다는 말은/ 한 자락 바람에도 문득 흔들리는 나뭇가지/

당신이 나를 사랑한다는 말은/ 무수한 별들을 한꺼번에 쏟아내는 거대한 밤하늘이다/ 절망 속에서도 키가 크는 이 한마디의 말/ 얼마나 놀랍고도 황홀한 고백인가/ 우리가 서로 사랑한다는 말은"

수녀님이 들려준 시 한 편을 가슴에 담고 나서 나는 천천히 강의실을 향하여 걸음을 옮겼다.

첫 시간 강의에 학생들에게 이 시를 들려주려고 마음먹었다. 그런데 맨 앞자리에 50대쯤으로 보이는 분이 앉아 있었다. 지금도 카톡으로 소식을 전하는 인상 깊은 만학도 분이셨다. 뜻하지 않은 교실 분위기로 인하여 시 구절은 어느새 머리 속에서 지워지고 말았다. 우선 급한 대로 칠판 위에 내 이름부터 썼는데, 성은 크게 쓰고 인숙은 작게 쓰고 말았다. "긴장을 푸세요" 라는 소리가 들려오자 이번에는 다리가 후들거리고 눈앞이 깜깜해지고 말았다. 눈은 어디에 두어야 좋을지 고개를 어느 정도 쳐들어야 하는지 감이 오지 않았다. 나는 얼른 뒤로 돌아서 마음속으로 주의 기도를 올리며 마음을 다잡기 시작하였다. 그러고 나서 돌아서니 비로소 학생들의 얼굴들이 하나씩 눈에 들어오기 시작하였다. 대부분의 학생들은 30대부터 60대까지의 성인들로 구성되어 있었다. 야간 대학 특유의 풍경이었다.

나는 솔직하게 오늘 이력서를 가지고 학교에 처음 왔는데, 첫날부터 갑자기 강의를 맡게 되었다는 사실을 고백하였다. 아직은 강의 준비가 제대로 되어있지 않으니 서툴더라도 양해를 바란다는 말과 함께 자기소개를 마쳤다. 그날 출석한 13명의 학생들도 일일이 자기소개를 하는 시간을 나누었다.

뒷날 학장님께 왜 저를 당일부터 강의를 맡겼는가 물어보니, 그날 오전에 고려대 출신 남자 강사와 전남대 출신 여자가 왔었는데, 세 번째로 온 나의 모습이 너무 당당해 보였을 뿐 아니라 머리 뒤로 후광이 보여서 가장 마음에 들었다고 하셨다.

처음부터 3과목 9시간 강의를 제안하면 못한다고 할 것 같아서 그날 있었던 즉석 강의를 제안했다는 것이었다.

대부분 마케팅을 전공한 사람은 회계 쪽을 잘 모르고, 회계를 전공한 사람은 마케팅 쪽은 모르는 경우가 많아서 학교의 입장에서는 내가 적임자였다. 그런데 학장님은 이후로 나를 볼 때마다 처음 모습이 아니고 다른 사람인 것 같다는 말을 자주하셨다. 나는 한참 뒤에야 그 말의 의미를 깨달을 수 있었다. 그때 성모님이 나와 함께 하여 주셨던 것이다.

나는 아픔과 어려움이 있을 때마다 늘 예수님께 매달렸다, 내가 부당한 취급을 받고 억울한 일이 있을 때도 예수님과 성모님께 나의 모든 감정을 내맡겨드렸다. 33년 동안 2년마다 한 번씩 돌아가면서 하는 학과장 한 번도 못하고 나온 교직 생활이었다. 그러나 사립재단의 부조리함 앞에서 한 번도 고개 수그리지 않고 견뎌낸 생활이었다. 경영과에서 정보경영과로 관광경영과로 다시 사회복지과로 강의 과목이 바뀌면서 몰경 29개 과목을 맡겨 올 때도 나는 늘 열심히 공부하여 강단에 서곤 하였다.

학교재정이 어렵다는 이유로 명예퇴직을 강요당할 때도, 명퇴금을 주고 강의와 연구실을 보장한다는 회유가 들어와도 끄덕도 하지 않았다.

만약에 내가 현직에서 물러나 시간강사의 처지가 되면, 현재 내가 맡아서 가르치고 있는 분노조절 장애가 있는 아이, 교통사고 후유증을 앓는 학생, 그리고 결손 가정의 제자들의 모습이 눈에 밟혔다. 아직은 그들에게 미력하나마 내 손길이 필요할 것으로 여겨졌다. 다른 사람들에겐 언뜻 이해가 가지 않는 내용일 수 있으나, 현재 내가 책을 쓰고 강의하는 '가족복지와 치유영성'의 과정에서 학생들과 나누고 배우며 치유하고자 하였다.

매년 1학년 신입생이 들어오면 5~6명씩 조를 짜서 점심을 사주면서 서로를 알게 되는 시간을 가지곤 했다. 대부분 불우한 환경이었고, 야간 학생들은 거의 직장이나 아르바이트를 하고 있었다. 그러니 아무리 미운 짓을 해도 학생을 향해서는 안타까운 마음이 들었다.

저출산 등의 사정으로 지방대학은 어느 곳이나 어려운 상황이다. 학생이 줄어들어 재정이 어렵다는 이유로 갑자기 봉급을 삭감하고 기부금으로 돌리거나 하는 어떤 경우에도 정도에 어긋나는 일 앞에서 고개를 숙인 적이 한 번도 없었다. 나는 33년 만의 정년퇴직을 눈앞에 둔 시점까지 오로지 학생들의 현실과 그들의 미래를 걱정하는 마음으로 여기까지 왔다.

학교에서는 아마 나를 위하여 따로 퇴임식을 준비한다거나 30년 근속상을 마련하여 주지 않을 것이다. 나는 학교보다는 학생들의 입장에서 지내온 교수였기 때문이다.

그런데 오늘 한 학생이 건네준 한 자루의 볼펜 선물이 내게는 그 어떤 상보다 벅차고 감사한 마음이 들었다.

그동안 내가 살았던 것이 아니라, 그들이 나를 살렸다는 사실을 학생들을 통해서 확실하게 깨달을 수 있었다. 내게는 학생들이 연인이었고 사랑이었던 세월이었다.

나는 그동안 학생들에게 하루에 3개씩 자기 칭찬을 써서 내도록 하는 과제를 주어 레포트 점수를 주었다. 학기 중간쯤에 받아서 검토하고 돌려주었는데, 한 번은 1학년 학생이 찾아와 자기는 도저히 칭찬할만한 게 없다는 하소연이었다. 아버지에게도 주변에서도 늘 지적만 받으며 지낸다는 것이다. 그러니 자신에게는 다른 내용의 과제를 달라는 요구를 하였다.

나는 일언지하에 거절을 하였다. 그래도 좋은 점을 찾아서 써보라고 주문하였다. 결국 그 학생은 내 필통에 꽂혀있던 가위를 꺼내어 손에 쥐고 협박조로 반항을 하였다. 하지만 나는 지지 않고 그를 똑바로 쳐다보면서 설득하였다. "주위의 모든 사람들이 너를 포기하여도 나는 절대로 너를 포기하지 않을 것이다" 그러니 제발 돌아가서 내가 시키는 데로 하라고 일러 주었다. 학생은 내 방문을 사정없이 걷어차고 밖으로 나가더니, 한참 만에 고개를 내밀고 "나를 끝까지 포기하지 않아서 감사드려요"하더니 문을 닫고 돌아갔다. 그리고 그 학생은 결국 칭찬 노트를 내게 제출하여 주었다.

그런 일을 통해 그 학생은 내게 마음의 문을 삐꼼하게나마 열었는지 가끔 전화를 하기 시작했다. 아르바이트 하고 있는데 진상을 만나서 살의가 느껴진다거나 아버지를 죽이고 싶다는 분노심을 전하고는 하였다.

그럴 때마다 "그냥 너의 아버지에게 나를 이 세상에 있게 해주어서 감사해요" 라는 말을 하루도 빼지 말고, 감사송을 100번 씩 하라는 처방전을 주었다. 신기하게도 그 아이는 나의 말을 믿고 따랐다.

이제 그 학생도 나랑 같이 이 학교를 졸업해야 하는 지점에 와 있다. 며칠 전 동료 교수 한 분이 그 아이의 이야기를 꺼내었다. 학생들 중에 누구누구가 입학 때보다 정말로 많이 좋아졌다는 평가였다. 그 말을 듣고 나는 가슴이 뛰고 살아있다는 보람을 느꼈다. "그래, 아이들아. 외롭고 힘이 들면 언제든 내게 알려다오. 나는 이제 학교를 떠나지만 영원히 너희들의 친구나 선생이 되어 줄게."

지난 2009년에 임 수녀님이 다문화센터를 하고 싶다는 말씀에, 당신의 칠순 선물로 가지고 있던 상가를 덜컥 내놓았다. 그렇게 시작된 어울림 다문화센터는 무엇을 바라거나 금전을 구하려는 일이 처음부터 아니었다. 예산이거나 국가의 지원도 별로 없이 많은 분들의 후원과 봉사로 수많은 다문화 가족들에게 한글교육, 직업교육, 문화교육 등을 실시하였다. 말 그대로 다문화의 깊은 의미도 모르는 상태에서 수 천만원의 경제적 손실을 입으면서도 나는 비교적 내가 하고 싶었던 봉사적 삶을 지탱할 수 있었다. 정신적인 고통과 육체적으로는 암까지 얻어 죽음의 그림자를 느껴야 했던 순간들마저도 돌이켜 보면 모두가 사랑이었다. 아니 그것들은 하느님과 이 세상 모두가 내게 보내준 사랑의 은총이었다.

한 학생이 건네준 볼펜에 적힌 까르페 디엠이라는 말은, '현재의 순간에 충실하라' 는 라틴어 'Carpe diem'에서 나온 말이라고 한다. 영어의 Seize day에서 '현재를 잡아라' 라는 말과 일맥상통하는 뜻인 것 같다.

이제부터 다시 "내 영혼이 주를 찬송하며, 나를 구하신 하느님께 내 마음 기뻐 뛰노나니, 당신 종의 비천함을 돌보셨음이로다"를 노래하기로 한다. 언젠가 세실리아 수녀님이 내게 주었던 말씀이었다.

지나온 발자취를 어설프게나마 돌이켜 보는 문집을 내기로 하면서, 부끄러움이 많은 지난날을 두서없이 돌이켜보는 것으로 머리글을 삼아 보기로 한다.

-내게는, 그 모든 게 사랑이었다.

이글을 2021년 2월. 33년 교직생활의 정년퇴임을
기념하는 문집에 붙이며

목포과학대학 교수 김인숙 두 손 모음.

코로나19

아침 일찍 학교에 왔다. 코로나19의 여파로 4주째 온라인 수업을 하고 있는 중이어서 학교에는 학생들이 없다. 33년을 이 학교에 근무하면서 그동안 유심히 보지 않았던 교정의 풍경을 바라본다. 정문 앞에 벚꽃이 흐드러지게 피어 있다. 소나무 정원에 내려온 아침 햇살도 적막에 싸인 캠퍼스의 곳곳을 내려다 보고 있다. 키 큰 소나무들과 키 작은 소나무 아래 도열한 벚꽃 나무들 곁에서는 찌찌, 쭈쭈. 소꽂 소꽂, 그 소리들을 말로 표현하기 어려운 여러 종류의 새들이 울음소리를 터트리는 중이다.

개학도 하지 못한 채 학교는 침묵에 휩싸여 있고, 전국의 천주교회들도 일제히 미사를 중단하였다. 다른 종교계의 실상 역시 대동소이한 비대면의 국면 속에서 활동의 제약을 받고 있다.

연일 코로나19에 관한 소식들이 뉴스의 내용을 독차지하고 있다. 눈을 들고 돌이켜보니 자연은 여전히 자기 할 일을 하고 있는 것 같다. 사람들 사이에서만 사회적 거리 두기라는 이상한 말이 생겨난 기분이다. 이제라도 차분히 마음의 거리 확립에 눈을 돌려보아야 하지 않을까. 코로나는 한 편으로 우리에게 반성과 돌아봄의 기회를 제공하고 있는지도 모른다.

기욤 아폴리네르의 「마리」라는 시구가 떠올랐다. "팔 밑에 낡은 책을 끼고 센 강변을 걸었네/ 강물은 내 고통과 같아 흘러도 흘러도 마르지 않네/ 그래 언제나 끝나려나"

시인은 아마도 흘러가는 물이 한 사람의 고뇌와 같았던 지점을 표현한 것 같았다.

오늘 나는 텅 빈 교정의 언덕을 오르면서, 정년을 눈앞에 둔 한 교직자의 감회에 젖어보았다. 그보다는 나 역시 한 사람의 시인이 되어 한 편의 시를 쓰고 싶었다. "가슴에 자연을 안아 들고 교정의 언덕을 오르네/ 계절 따라 피는 꽃들은 누가 봐주지 않아도/ 끝없이 피어오르고/ 새들도 자기소리로 노래를 하네/ 사람의 마음 속에도 들어있는 기쁨을 깨우라하네"

모든 것은 다 지나가는 법이다. 비교의 문제뿐만 아니라 선택의 문제 속에서도 자연의 이치를 살피고 상기하면 되는 게 기본적인 세상일의 근본임을 깨달았으면 싶었다. 그동안 우리들은 너무 닳은 지식과 돈과 명예를 탐하지는 않았는지. 영원히 살 것처럼 욕망에 찌든 시간 속을 거닐지는 않았는지 돌이켜 보아야 할 시간인 것도 같았다.

예측할 수 없었던 코로나19 바이러스는 전 세계 사람들에게 공포의 대상이 되었다. 그러나 아직 그 공포의 근본을 헤아리는 일에는 소극적인 것 같다. 오랫동안 반성없이 살아온 타성에 젖어있기 때문이지 않을까.

전염이란 도구로 공포의 매를 때리고 있는 코로나의 반란도 사실은 언젠가 물러가리라고 생각한다. 하지만 코로나가 물러 갔다고 하여 우리들의 생활이 그 이전으로 완벽하게 돌아갈 수 있을까. 사실 인간들 역시 이 지구별에 잠시 왔다가 떠나가야 할 자연의 한 종에 불과할지 모른다.

우주를 잠시 스치고 지나가는 하나의 작은 진동 같은 것일 수도 있었다.

『우리들의 바다』라는 책을 남긴 레이첼 카슨은 ."아는 것은 느끼는 것의 절반도 중요하지 않다"는 말을 남겼다. 우리들은 과연 이 미증유의 코로나 19사태를 무엇으로 느낄 수 있을까. 혹은 무엇으로 느껴야 할까. 깊은 천착의 해답이 우리에게로 돌아와야만 할 것이다. 거기에서 다시 코로나 사태 이후를 살아가야 할 인간의 모습이 새롭게 태어날 것임을 믿기로 한다. 아직도 꽃들은 피어나고 우리에겐 여전히 희망에 찬 내일이 남아 있었다.

새와 철쭉

100이라는 숫자는 완성의 의미도 있지만 시작의 의미도 있는 것 같다.

오늘이 코로나19 바이러스 확진자 중 슈퍼 확진자 31번째 신천지교회 확진이 시작된 지 100일째 되는 날이다. 사회적 거리 두기에 조금 여유가 생겨 학교도 학생들을 만날 준비를 하기 시작하였다.아침 일찍 일어나 7시 15분 버스를 타고 독포 터미널에 도착하여 학교까지 천천히 걸어가고 있었다.

언덕배기를 지나는데 어디선가 삐리릭 외마디의 새 울음소리가 들렸다. 언덕에는 잡풀이 우거지고 소나무들이 엉켜서 있었다. 나는 고개를 뒤로 젖히고 울음소리가 나는 쪽을 살펴보았다. 새는 보이지 않고 '찌리 리릭 찌리리링 찌리릭' 울어대는 소리만 들려 온다. 나는 걸음을 멈추고 잠시 마음으로 새하고 이야기를 나누었다. "너의 모습을 보여달라! 왜 그렇게 우는지 너의 이름은 무엇인지." 마음으로 원했다. 잠시 후 내 마음을 알았는지 새 한 마리가 날아와서 머리 위의 나뭇가지에 앉아 주었다. 나는 얼른 핸드폰을 꺼내 사진을 찍으려고 하니 어디선가 또 한 마리가 날아와 둘이서 동그라미를 그리며 나무 사이를 옮겨 다닌다. 둘은 그렇게 외마디 같은 소리를 내며 울고 있었다. 참새도 아니고 까치도 아닌 이름을 알 수 없는 새였다. 그렇게 그냥 언덕길을 한참 내려오는 중이었다. 길가에 작은 새 한 마리가 날개가 찢겨 즉어 있었다. 어쩌면 그 새들의 새끼인 듯 보였다. 새끼가 죽어서 어미 새가 그렇게 외마디 소리를 내며 울었을까? 왠지 가슴이 저릿해져 왔다.

3년 전 나는 왼쪽 유방을 수술하였다. 18살부터 시작한 직장생활이 40여 년이 지나면서 나는 자꾸 허무해지는 나를 느껴야 했던 시절이었다. 문득 찾아온 내 몸 속의 암세포가 나를 더욱 슬프게 하였다. 암 진단은 아직 무엇인지 확실하지 않은 상태였는데, 단 한 번의 항암 주사를 맞았을 뿐이었는데도 어느날 손아귀에 잡힌 머리카락들이 몽땅 뽑혀져 나가기 시작하였다. 그날 나는 목욕탕 바닥에 주저앉아 큰 비명 소리를 내지르고 말았다.

저 이름 모를 새들도 어쩌면 그렇게 나처럼 비명을 질러대고 있는지도 몰랐다. 어느 순간 새끼가 죽어 길바닥에 떨어져 있는 참절의 순간 앞에서 그러는 것이리라 여겨졌다. 죽은 새 생각으로 우울하게 뒷문 주차장 옆을 지나가는데 하얀 철쭉들이 무더기로 피어 있었다. 붉은색의 철쭉은 화사하고 순백의 철쭉꽃은 우아하였다. 누군가 저렇게 주차장 옆길에 순백의 철쭉을 심었구나 싶었다. 주차장 담벼락 밑 그늘진 곳에 소나무가 한그루 서 있는데 오른쪽 가지 하나가 갈색으로 변해 죽어가고 있었다. 살아있는 왼쪽 가지 밑에서는 새순이 돋아 푸르름을 보이고 있었다.

가까이 가서 보니 왼쪽 소나무 가지 밑에 순백의 철쭉이 활

짝 피어나 소나무 새순과 이야기를 나누는 것처럼 보였다. 심리학자 프로이트는 인간은 본래 욕구 덩어리이고, 그 욕구가 충족되지 못한 어린 시절의 상처 때문에 삶의 문제가 생긴다고 하였다. 반면에 2차대전 후에 유대인 수용소에서 살아남은 정신과 의사이자 교수였던 심리학자 빅터 프랭클린은 "인간은 의미를 먹고 산다는 것이다" 라고 하였다. 2차 대전이 막바지에 이른 1945년 봄, 유태인 수용소에 희미한 희망의 메세지가 들려왔다. 4월이면 연합군이 승리하여 독일이 패망하고 전쟁이 끝난다는 소식이었다. 그러나 4월이 지나고 5월이 되어도 독일의 패전 소식은 들리지 않았다. 그러자 갑자기 수용소 안에는 감기 환자가 늘어나고 이름 모를 바이러스로 인한 사망자가 속출하였다.

삶의 의미와 희망이 끊어진 자리에 죽음의 잔치가 펼쳐졌던 것이다.

뜬금없이 찾아온 코로나19 바이러스 때문에 인류의 삶의 형태가 다급하게 변하고 있는 중이다. 사회적 거리 두기라는 신조어가 태어나고 각종 집합행사가 사라지고 가족끼리도 서로 거리를 두어야 하는 미증유의 시간이 닥쳐 왔다. 학교의 수업도 온라인으로 대체되면서 교육의 방식이 바뀌었다.

거리는 갈수록 한산하고 가게들은 문을 닫기 시작하였다. 택배로 물건들을 사고팔고 여행의 기회도 단절되었다.

오늘 아침 나는 이름 모를 새의 외마디 울음을 들으면서 그것이 왠지 지구의 울음 소리로 들려오는 것 같았다.

새끼가 죽어서 피를 쏟듯 울음을 우는 새처럼 지구라는 별도 인간의 자식들이 죽어가는 것을 더는 볼 수 없을 것 같다는 생각이 찾아온다. 만약에 빅터 프랭클린이 살아있다면 오늘의 이 현상을 무어라고 우리에게 정의할까?

아마 인류가 지구의 자연 상태를 더 이상 자신들의 쾌락을 위하여 희생시키지 말고, 만물의 생명을 존중하라고 일러 주지는 않았을까. 건물의 나무 계단을 걸어 올라가 연구실로 들어서는데, 창문 아래에 피어난 순백의 철쭉이 두 손을 높이 흔들어 대고 있었다.

내일은 101번째의 또 다른 날이 시작될 것이다. 여전히 이름 모를 새는 우짖을 것이고, 서로 보살피며 소나무 왼쪽 가지 아래 순백의 철쭉꽃은 바람결에 흔들리며 있을 것이다.

정년이 되어 내년에는 다시 이 언덕을 오를 수 없게 되어도, 또 다른 누군가가 나를 대신하여 이 길을 오르면서 아직 살아남은 소나무의 가지 아래 피어나는 철쭉의 여여함 곁을 지나가게 될 것이었다. 나는 다만 오늘의 이 모든 현상들 앞에서 나름의 의미부여를 해보면서 내일을 기약하기로 가만히 마음을 다져 보았다.

2년 동안 감사했습니다.

2020. 12. 10

목포과학대학교
사회복지과 2학년

교수님! 2년 동안 항상 열정적으로 가르쳐 주시고 교수님 덕분에 좋은 것을 많이 배우게 되었습니다. 감사드립니다!! 교수님! 늘 건강하시고 행복하시길 바랍니다. ♥ 마이 ♡

♥ 교수님 2년동안 수고 많으셨습니다
덕분에 좋은 강의를 들을 수 있어 영광이었고
제 자신을 되돌아볼 수 있었던 시간이었습니다.
나를 사랑하고 남을 사랑하며 살아가겠습니다.
건강하시고. 다시한번 수고 많으셨고 감사했습니다.

김인숙 교수님, 올해를 마지막으로 정년퇴직하신다 축하드립니다. 교수님이 항상 강의 시간에 해주시는 사소한 행복을 느낄 수 있는 말들을 들으면서 교수님은 퇴직한 후에도 좋은 글, 행복한 일, 뜻 깊은 일을 하고 계실거라는 생각이 드네요. 제가 이때동안 배운 보육학개론, 가족복지, 놀이지도, 보육과정 외에도 해주신 말씀들 헛되지 않게 잘 새기며 살겠습니다. 과제를 할 때마다도 항상 교수님의 칭찬을 아낌없이 받았는데 그럴 때 마다 더욱 힘도 나고 더 잘해야 겠다는 동기부여가 되기도 했어요. 이 학교에서 배운 것 보다 앞으로도 더 배울게 많다는 것도 알고 있지만 제가 이 학교를 선택했다는 것에 후회는 들지 않더라고요. 저 스스로가 성장할 수 있는 방법을 찾아왔던 것 같습니다. 앞으로도 연락하며 지낼 수 있었으면 좋겠어요 ~♡ 감사합니다 교수님
— 희송

인정 많은 교수님
그동안 너무 사랑해주셔서
감사합니다
교수님 ☺

Don't Forget to Remember ☺

아직도 꾸준히 받는 **교수님 칭찬 노트 꼭적고 있습니다.** 언젠가 **교수님도 적으세요** 네요!

김인숙 교수님! 항상 저희가 긍정적으로 생각하며 살 수 있게 좋은 말씀 많이 해주셔서 감사했습니다 교수님 덕분에 부정적인 생각과 마음으로만 살던 제가 세상을 밝게 보려고 노력하고 있습니다. 김인숙 교수님을 만나 행복했습니다. 항상 건강하세요 사랑합니다 ♥

교수님 그 동안 수고 많으셨습니다
앞으로 항상 건강 하시고 행복 하세요
그 동안 많은 지식을 쌓았습니다
감사 합니다 최순희 배상

수고하셨습니다!

수님 2년동안 수고많으셨습니다
님 수업 시간이 오면 항상 미소짓고 인자하신
잊지 못하겠습니다 항상 건강 하시고 좋은모습
영원히 잊지 못하겠습니다
감사 합니다
안 수고 많으셨습니다.

교수님 ♡
2년동안 교수님 덕분에 많이 배우고 행복함 가지고 졸업합니다.
늘 밝게 웃어주시고 다정히 대해주셔서 감사합니다. 교수님 덕분에 긍정의 힘을 느꼈어요. 건강 유의하시고 늘 꽃길만 걸으세요
— 미라

교수님 그 동안 고생많으셨어요 ♡
학교 잘 안나와서 죄송합니다

김인숙 교수님 ♥
그동안 수고 많으셨습니다~
2년동안 함께 수업을 해서 영광이었습니다.
졸업하고 성공해서 교수님 찾아뵙겠습니다~♡

2년동안 수고 많으셨습니다.

2년동안 수고 많으셨습니다.
건강하세요~

김인숙 교수님
그동안 알찬 수업이였습니다.
정말 즐거운 시간이었어요.
정말 고맙고 앞으로도 좋은 날 가득하기를 바랄게요~

김인숙교수님
2년동안 수고 많으셨습니다

김인숙 교수님 덕분에 좋은 강의 들을 수 있어서 그동안 행복했습니다!
그동안 수고 많으셨어요. 사랑합니다. ♡

♡ 사랑해요 교수님 ♡
교수님 항상건강하십시요
1년 짧은 기간이지만 정들자 이별입니다
다시만날때 건강한 얼굴을 기다립니다.
행복하십시요.

(조명주)
교수님 2년동안 수고 많으셨습니다
항상 행복하시고 건강하세요
기억에는 남아있습니다
아프지 마세요♡

(최선숙)
교수님 요즘 너무 행복해 보여서 좋습니다
2년동안 교수님의 강의시간이 쏙쏙 들어와
기억에 오랫동안 남을것 같습니다. 건강하시고
하시는 일 잘 되시길 기도할께요.

교수님 2년동안 가르쳐 주셔서
감사 합니다 ~♡ 칭찬 노트 하면서 자신감이
생긴거 같아요. 그 동안 고생하셨고 건강하세요~♡

교수님 2년동안 가르쳐주셔서
감사드립니다 ~
항상 수업하실때 마다 첫인사와, 칭찬일기가
머리속에 기억이 남아요!!
덕분에 자신감이 생긴거 같아요 (♥ ˘ ˘)♥
그동안 고생하셨고 건강하세요 ~~
사랑합니다 (♥ ˘ ♥)

먼 길 오시느라 고생 많으셨습니다!
오시는 길에 핀 꽃들이 다 탈 없게
잘 되었습니다 걱정 마시고 퇴근 하세요~!

교수님~ 2년 동안 저희를 가르쳐 주셔서 감사합니다.
교수님을 만나 뵙게 되어서 행복했었습니다.
짧다면 짧고 길다면 긴 시간 동안 저희를 생각해 주시고
따뜻하게 품어주셔서 감사드려요. 저희가 교수님을 만나서
행복하고 많은 걸 느꼈듯이 교수님도 저희와 함께 한
2년이 행복하고 보람되셨으면 좋겠네요. 교수님 퇴임해서도
항상 건강하시고 그 밝은 미소 잃지 마세요 바래요~ ^_^
♡사랑합니다.♡

교수님 2년동안 가르쳐 주셔서 감사합니다
교수님 앞으로도 건강하세요(^_^)

교수님 2년 동안 가르쳐 주셔서 감사합니다
수업 하실 때마다 쉽게 가르쳐 주시고, 칭찬 일기가
더 기억에 남는 거 같아요. 교수님 퇴임하셔도
나중에 교수님 있는 곳에 찾아 갈게요
가르쳐 주셔서, 자신감을 생기게 해 주셔서

일상이 행복 같아요~ 그건
감독 없이가 아니고 그 선생님 없이
못 보겠네요...
교수님이 가장 좋은 길을 가실 바랄게요
(민숙)

지난 2년동안 교수님의 주옥같은 말씀을 통해
긍정적인 mind를 마음속 깊이 새기겠습니다.
정년퇴직이 또다른 시작임을 응원합니다[김부증]

교수님 그동안 수고 하셨습니다. 고맙습니다
항상 언니 같은 마음도 있고 어떻게 교수님은 하고
계실까 우러러 봤습니다. 앞으로도 건강하시고
행복하세요.

교수님 2년동안 수고 많으셨습니다
강의 시간마다 비전과 희망을 주시고
배움의 현장이지만 ♥
삶에 직접 미래 지향적인 말씀을
많이 해 주셔서 자신감을 갖고 살아가겠습니다
사랑합니다

♥김인숙 교수님♥
그동안 수고 많으셨어요
2년동안 저희를 가르쳐
주시고 많을 알게 해주셔서
감사 합니다. 저는 교수님이 차별 없이
모든 학생을 좋아하고 도와주는 모습을
본 받아 저도 꼭 교수님 처럼 남도 배려
하고 착하게 사는 인생이 되도록
노력 해 보려고 해요 진짜 감사합니다
교수님 그동안 수고 많으셨고 감사하고
사랑합니다. 건강하세요!!♥

♡세 소중한것은 지나고 나야 깨닫는걸까요?^^
늘 당연하다고 느꼈던 교수님 말씀이
지금은 너무소중합니다!
나는 빛나는 나를 사랑합니다!
유연력, 영자력!
Feel Good!
교수님 덕분에 단단해지고
강해진 나!를 느낍니다.
건강하세요~♡

김인숙 교수님~ 두 해동안
저희를 가르쳐 주셔서 감사합니다.
퇴임하는 것이 시원섭섭 할 수 있겠
지만 또 다른 세상을 경험 할 수
있게 될거라고 생각합니다.
정말 수고 많으셨고, 항상 건강하
시고 행복하세요~ 사랑합니다~♥

2년동안
감사했습니다.

(성강산)
교수님 덕분에 힘들것
같다고 생각한 대학교
2년이 행복한 추억이
됐어요, 2년동안
강의, 제가 찾아갔었
을때 나눈 얘기들 너
무 감사하고 졸업한
뒤에도 계속 연락할
게요

2020년 마지막수업 : 바퀴 갈아 끼고 가는 새로운 세상에 힘이 되는 한마디의 말 (이름 김 인숙 교수님

감사의 노래

다래헌 김인숙

영혼을 다해 노래를 부른다.
고통뒤에 오는 미라클이 힘

감사를 먹는 순간
우주도 움직인다.

입으로 증거하지 않았다면
알아차리지 못한 온갖 일들

하늘이 그린 종달새 노래되어
꿈도 꾸지 못할 일들을 이루신다.

교수님. 강의 하실 때마다 삶의
힘과 용기를 가득 담아 갑니다
그윽한 커피향기 처럼
생각나고 그립고 보고싶을겁니다
- 유경

소리 개떡 같은 편안함으로
모든 시간을 함께 하소서!
— 성고가 —

웃으면 양쪽 보조개가 쏙 들어가
매력적인 인숙 교수님 항상 건강
하시고 밝은 미래가 충만 하시길!
— 이 성자

교수님 2년동안 가르치시느라
수고많으셨습니다. 열정적인 강의에
감사드립니다 항상 건강하시고 행복하세요.
-박주혜-

'가이지

교수님. 지난 2년동안 좋은 말씀 감사합니다.
이곳에서 맺은 좋은 인연들... 시간들.
추억이 되어 오래 가슴에 남을 것 같네요.
건강하시구.. 행복하시길 소원합니다.
- 순 경라.

교수님~ 사랑합니다
언제나 밝고 긍정적인 교수님.
언제나 젊게 도전하는 모습
닮고 싶어요. 존경합니다!
놀러 갈게요. -박순옥-

아가씨! 예쁜 아가씨♥
인생에 도움되는 말씀
너무 감사드려요
너무 그리우면 어쩌죠
너무 보고싶으면 만나러
갈게요 존경합니다 임주현

♥ 교수님! 사랑합니다~^^
교수님과 함께 했던
시간은 축복이었어요...
때론 엄마처럼....
때론 언니처럼....
자식보다는 마음의
연적이 쌓였던 아주
편안한 신앙 시간을
만들어 주셔서 감사합니다.
사는게 바빠서 교수님을
찾아뵐 기회가 적을지
장담은 못하지만... 항상 마음속에 간직하고 살겠습니다.
♥진현주♥

교수님♡ 사랑합니다
2년동안 매일의 멘티의 사랑을
수업 감사합니다.
가슴 깊이 새겨두어 한동안
가세에 더해 행복해졌습니다
교수님도 항상 건강 행복하세요
예쁘신 교수님♡ 감사합니다
- 이 성아 -

20년에도 교수님 사랑
30년에도 교수님이 옵니다
가르침 잊지 않고 여전히 사는
모습으로 보답하겠습니다
-제자 진현주-

교수님~☺
너무 많이 신경써 주셔서
감사합니다
항상 건강하시고 행복하세요
— 손혜진 —

교수님~
그동안 좋은 강의
준비해주셔서 감사합니다!
앞으로도 건강하시고
행복하세요♡
— 정자현

유머는 신의 "선물"이다라고
알게 해주신 우리 교수님을
뒤에서 기억하며 그 말씀 명심
하면서 살겠습니다 ^~^
주저함 없는 신유미

스토리텔링의 골칫왕!
하나, 마나! 안 하면
아무것도 이루어지지 않는다!
열정들의 구수한 영혼의
구원자! 제주같은
이어지는 적대 아님!...
-김성은-

교수님~
영원한 우리 교수님!
항상 건강하시고 행복하세요.
도덕 드림 —♡

친구하시고 멘토이신
교수님 강의를 듣는
것만으로도 행복스럽습니다.

교수님을 만나 2년이 즐거웠고, 행복했습니다! 감사했습니다 ^^
유라 -YR-

예쁜 교수님♥
2년동안 수업 가르쳐주느라고
감사합니다~
존경합니다~
-도미영-

교수님♡
항상 건강하시고
즐겁게 사세요
2년동안 한번도 웃는 모습과
긍정적 생각 잃어가고
싶습니다 ~ 조 현희 ~

김인숙교수님. 그동안 진심으로 감사했습니다. 2년동안 교수님의 가르침을 받아서 행복했습니다. 지금부터 또 다른 인생 시작을 건강하고 행복하며 순간순간을 즐기면서 지내시길 바랍니다
-2학년 B반 정현숙-

2020년 마지막수업 : 바퀴 갈아 끼고 가는 새로운 세상에 힘이 되는 한마디의 말 (이름 김인숙)

감사의 노래

다래헌 김인숙

영혼을 다해 노래를 부른다.
고통뒤에 오는 미라클이 힘

감사를 먹는 순간
우주도 움직인다.

입으로 증거하지 않았다면
알아차리지 못한 온갖 일들

하늘이 그린 종달새 노래되어
꿈도 꾸지 못할 일들을 이루신다.

이쁜 교수님~
오늘 강의 너무 너무 좋았어요♥
마지막 수업이라 너무 아쉬워요 TT

♡교수님 말씀 한마디 한마디가 앞으로 나아가는
저에게 너무 소중한 말씀입니다. 실행하도록 노력
하겠습니다 (염수현)

항상 싱그러운 꽃잎처럼··· (가나리)

♡ 항상 건강하세요
교수님 · 연락드릴게요
지윤 -

♡교수님 항상 밝게 웃으시며 수업하시는
모습에 선한 에너지를 받아 갑습니다.
2년동안 감사했습니다♡ 건강하세용-이혜영

교수님, 그동안 표현하지 못하고
더 살갑게 하지 못해서 죄송해요
마음은 늘 교수님을 존경하고 사랑했어요♡
안녕은 영원한 헤어짐이 아니래요
멋진 사회복지사가 되어
빨간 내복사서 꼭 찾아뵐게요 -박이지 올림

교수님 ^^~
어릴때는 교수님이었고
지금은 교수님이세요...
입니다. 감사합니다...
항상 건강하시고 자주
연락드릴께요
- 제자 은현숙

마지막 수업까지 귀와 입에 즐거움을
주시는 김인숙 교수님! 감사합니다.
신윤미♡

교수님 감사합니다
늘 감사하면서 살라는 말씀 가슴깊이 새기며
기억하겠습니다 앞으로 계획하신 모든일이
뜻대로 이루시길 기도하겠습니다
축복합니다 최현숙

교수님♡ 2년동안 좋은 말씀 주셔서 감사했어요.
항상 건강하시고 앞으로의 새출발을 응원합니다
제자 향숙♡

교수님~
암과 싸우지 말고
암과 친구가 되어
잘 이겨내시길 바래요~

2020년 마지막수업 : 바퀴 갈아 끼고 가는 새로운 세상에 힘이 되는 한마디의 말 (이름 김인숙)

감사의 노래

다래헌 김인숙

영혼을 다해 노래를 부른다.
고통뒤에 오는 미라클이 힘

감사를 먹는 순간
우주도 움직인다.

입으로 증거하지 않았다면
알아차리지 못한 온갖 일들

하늘이 그린 종달새 노래되어
꿈도 꾸지 못할 일들을 이루신다.

김상철: 항상 단아하시고 인자하신 교수님
모습 가슴깊이 새기겠습니다
김윤희: 만날때 헤어질것을 염려하듯이
헤어질때 다시 만날것을 믿습니다

멋쟁이 김인숙교수님!

교수님께 배운것이 너무 크고 소중해서
가슴이 벅차오릅니다.
늘 건강하시고 행복하세요 ^♡ 문경아 올림

교수님 고생하셨고
힘든 시기를 겪으시지 마시고
같이 만남을 빼풀없으면 좋겠습니다
그리고 건강하세요 -조영주올림-

얼마나 많이 주느냐보다
얼마나 많은 사랑을
담느냐가 중요하다
최 선숙 —

교수님 고생
많으셨습니다

교수님. 늘 이리 재미있는 선물은 감사하네요.
영혼감사하고 건강하세요. 김민숙올림.

교수님 2년동안 고생하셨고 슬퍼하지 마세요
졸업식날에 볼 거고 그 전에도 중간중간 연락
드릴테니까요

2년동안 수고 많으셨습니다.
교수님 늘 열정적으로 가르쳐주시고
따뜻한 마음으로 배려주셔서
너무 감사합니다. 교수님 덕분에
세상에 좋은 것을 많이 배우게 되었습니다.
항상 건강하시고 행복하시길 바랍니다.

항상 열심히 하시는 상큼 샘촌님
앞으로도 열심히 해주세요 ~ !!
항상 건강하시고 잘지내요 ~~
-순타-

2년동안 수고 많으셨습니다
졸업하고 꼭 한번정도는 다시 찾아 뵙겠습니다.
항상 건강하시고 행복하세요.

늘 열정적으로 하시는 모습에
좋은 기운을 받을 수 있었어요
2년동안 수고 많으셨고 감사합니다

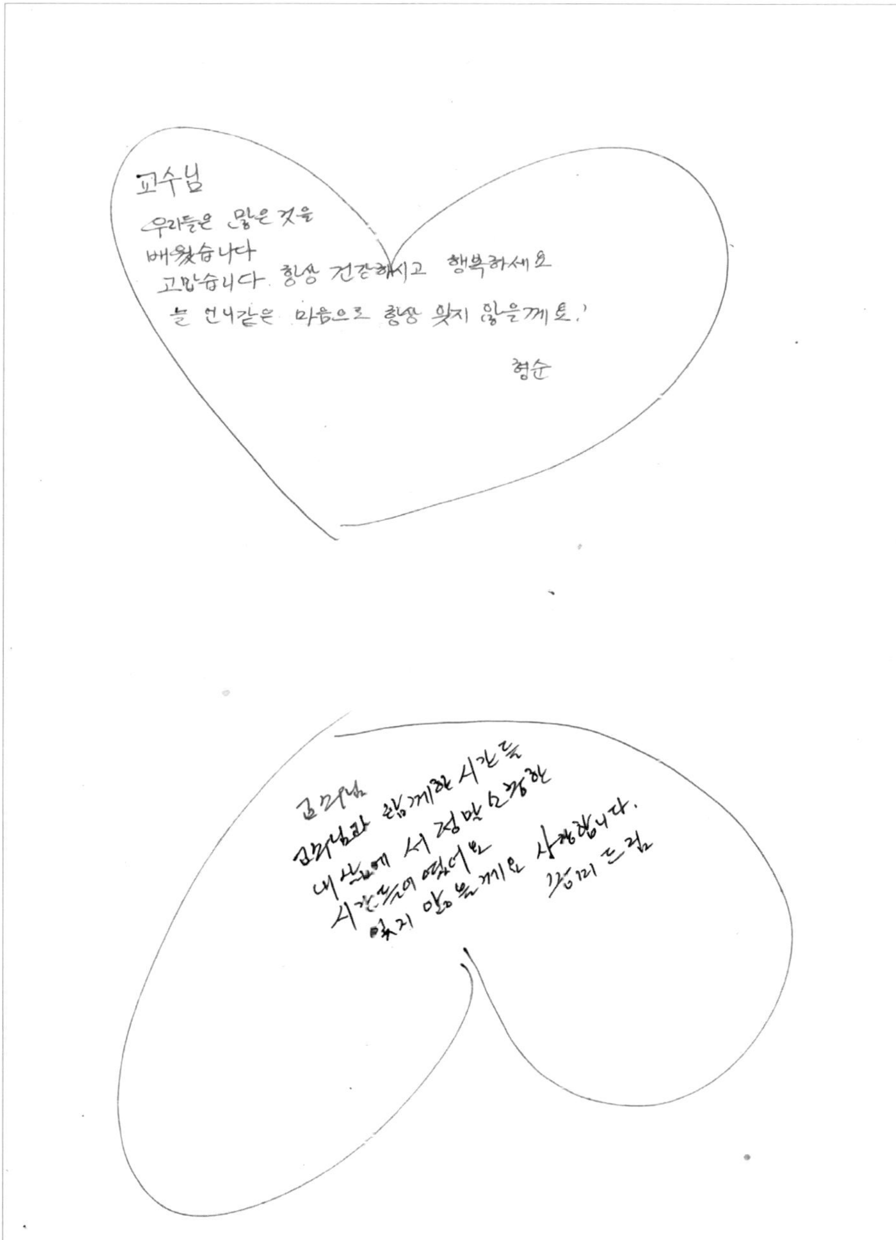
교수님
우리들은 많은 것을
배웠습니다
고맙습니다 항상 건강하시고 행복하세요
늘 언니같은 마음으로 항상 잊지 않을께요!
혜순

교수님
교수님과 함께한 시간들
내 삶에 서 정말 소중한
시간들이 였어요
잊지 않을께요 사랑합니다.
경미 드림

2020년 마지막수업 : 바퀴 갈아 끼고 가는 새로운 세상에 힘이 되는 한마디의 말 (이름 김인숙 교수

감사의 노래

다래헌 김인숙

영혼을 다해 노래를 부른다.
고통뒤에 오는 미라클이 힘

감사를 먹는 순간
우주도 움직인다.

입으로 증거하지 않았다면
알아차리지 못한 온갖 일들

하늘이 그린 종달새 노래되어
꿈도 꾸지 못할 일들을 이루신다.

김인숙 교수님께

교수님~ 여태까지 수업 정말 고생하셨습니다.
이제부터 새로운 삶을 사시는데 건강하시고
행복하셨으면 좋겠어요 항상 감사합니다 ^^

-인숙-

교수님.
지난 1년 너무 너무
행복하고 감사했습니다.
사랑합니다
건강하세요.

-S.J-

김인숙 교수님께
여태까지 수업 해주셔서 감사 합니다.
새로운 삶을 사실 때 항상 건강하시고
긍정적인 사고를 가지고 행복하셨으면 좋겠어요

응원 합니다

김인숙교수님께
지금까지 마지막으로 가기 까지 수고너무많이하셨구
교수님을만나뵈어서 행복했습니다♡ -지현-

교수님
1년동안 고생하셨고 좋은 추억이었어
좋은 교수님입니다
건강하고, 사랑합니다 - 내영)

교수님께 : 지금이라도 교수님을 만나서 정말 다행입니다.
그 동안 수고 하셨고. 앞으로도 건강하시길...

교수님은 여태까지 본 사람중에
가장 긍정적인 마음이 강하신분입니다.
덕분에 저도 긍정적인 기운을 받아갑니다
항상 무탈하시길 바랍니다~ -빈성빈-

항상 제 옆에서 힘이 되어주신 교수님
광주에서도, 목포에서도 자주 봐요
사랑합니다♡

항상 긍정적인 마음으로
도전하는 교수님 모습이
자랑스럽습니다
항상 건강하세요

교수님 사랑합니다
여러가지 칭찬도 받지만
전 교수님 과목은 공부하면서
좋았습니다.
앞으로 고맙고 고맙습니다 ^_^~

- 유미 -

- 옥희 -
교수님 일년동안 고생하셨어요!
여러 가지 칭찬도 많이 주셔서
정말 행복해서요
사랑합니다. 수고하셨어요!

교수님
감사합니다
교수님께서
최선을 다하며
감사에 대해
말하시며
감사를 알려주시니
기적처럼
체험한 것 같아서
우리에게 용기를
주셔서
감사하고 사랑합니다

교수님 고생 많으셨습니다. 너무 감사합니다. 사랑합니다

항상 이런 마음으로 가르쳐
주심으로 사랑하며
살겠습니다

교수님. 이제 꽃길 걸으세요 ^^
~둥이맘~

교수님 1년동안 너무 감사드려요
졸업때까지 같이 했으면
좋았을텐데 너무 아쉽네요
항상 감사하다는 말씀이
인상적이었고 마지막까지
너무 감사합니다. — 성미

교수님얼굴을 못보니까 약간 서운하네요
나중에 인연이 닿으면 뵐 수 있길 바래요!
— 재근 —

교수님 수고하셨습니다. 마지막이라고 하니
섭섭 하긴 하지만 후련할께요.
그동안 감사했습니다. — 대산 —

교수님! 코로나 때문에 자주
뵙지도 않고 1년이 지나버려서
너무 아쉬워요?
그래도 지금까지 정말
감사하고 고맙습니다!!
—지혜—

교수님! 2020년을 교수님과 함께할 수 있어 행복했습니다.
늘 수업시간에 들려주시던 따뜻한 그 말씀들이 기억에 남습니다.
교수님의 수업을 들을 수 있어 영광이었습니다.
교수님을, 교수님의 말씀을 잊지 않고 살아가겠습니다.
사랑해요 교수님♥ — 신영 —

교수님! 올 한해 저희들 가르치느라
고생 많으셨어요!! 입학하고 첫수업이
엊그제같은데... 항상 저희에게 해주신
말씀들 꼭 잊지 않을게요 올해 수고하셨어요!
— 희준 —

교수님 1년동안 수고하셨습니다
항상 감사했고 또 감사했습니다
많이 배울 수 있었습니다

가르치느라 고생많으셨습니다
사랑합니다
—지은

2020년 마지막수업 : 바퀴 갈아 끼고 가는 새로운 세상에 힘이 되는 한마디의 말 (이름 김인숙)

감사의 노래

다래헌 김인숙

영혼을 다해 노래를 부른다.
고통뒤에 오는 미라클이 힘

감사를 먹는 순간
우주도 움직인다.

입으로 증거하지 않았다면
알아차리지 못한 온갖 일들

하늘이 그린 종달새 노래되어
꿈도 꾸지 못할 일들을 이루신다.

진짜 인생은 지금부터입니다.
행복하고 감사했습니다.
-임창숙

순수하신 표정과 따뜻하신 마음
덕분에 행복했습니다 김갑희

청춘같은 미소로 새로운 출발을
응원합니다. 사랑합니다. 박선자

교수님의 열정과 순수하신 마음
영원히 잊지 않겠습니다 —김미화—

교육대 사회복지과에서 교수님과의
인연은 저에게 큰 축복으로 오나
좋아요 ♡
나의 평생 상담 선생님
교수님 마지막을
함께할 수 있어서
축복입니다

교수님 자체가
선물입니다

복실이가

수고하셨습니다. 항상 건강하세요.

항상 하시는 일들이 잘 되시기를 기도합니다
-장은경-

김인숙 교수 정년퇴임 기념 문집

내게는 모두가 사람이었다

초판 1쇄 발행 2021년 2월 1일

지은이 김인숙
펴낸이 강경호
펴낸곳 도서출판 시와사람
출판등록 1994년 6월 10일 제05-01-0155호

디자인 박지원
편집 강나루
주소 광주광역시 동구 양림로119번길 21-1, 2F (학동)
전화 062-224-5319 **팩스** 062-225-5319
E-mail jcapoet@daum.net

ISBN 978-89-5665-588-8 03810

· 값 12,000원